MEWARNAI

(EDISI ISLAMI)

RIZKI RAMADHANI

1437H

A'udzu billaahiminasy syaithoonirrojiim

1:1بِسْمِ اللهِ الرَّحْمٰنِ الرَّحِيمِ

2:1الْحَمْدُ لِلّٰهِ رَبِّ الْعَالَمِينَ
3:1الرَّحْمٰنِ الرَّحِيمِ
4:1مَالِكِ يَوْمِ الدِّينِ
5:1إِيَّاكَ نَعْبُدُ وَإِيَّاكَ نَسْتَعِينُ

1:1In the name of Allah, the Beneficent, the Merciful.
1:2All praise is due to Allah, the Lord of the Worlds.
1:3The Beneficent the Merciful.
1:4The Master of the Day of Judgment.
1:5Thee do we worship and Thee do we beseech for help.

6:1اهْدِنَا الصِّرَاطَ الْمُسْتَقِيمَ
7:1صِرَاطَ الَّذِينَ أَنْعَمْتَ عَلَيْهِمْ غَيْرِ الْمَغْضُوبِ عَلَيْهِمْ وَلَا الضَّالِّينَ

1:6Guide us to the straight path.
1:7The path of those upon whom Thou hast bestowed favors, not of those inflicted by Thy wrath, nor of those gone astray.

Buku ini diperuntukkan untuk anak-anak dan dapat juga dipakai oleh remaja serta dewasa, bahkan orang lanjut usia. Adapun tujuan penulis membuat buku ini adalah sebagai latihan keterampilan dan melatih kemampuan abstraksi, bentuk, warna, serta membiasakan diri akrab mengenal bagian khasanah Islami.

Selamat mewarnai hidup dan diri kita sendiri.

1437H

Bismiillaahiirrahmaaaniirrahiim.

Allaahumma nawwir quluubanaa bi nuuriil iimaani waaj'alnaa hudaatan muhtadiina wa alhiqnaa bi'ibaadikaash-shoolihiin.

Ya Allah, terangilah hati kami dengan cahaya iman, jadikanlah kami orang yang menyampaikan hidayah dan yang mendapatkan hidayah dan himpunlah kami bersama hamba-hamba-Mu yang saleh.

Alhamdulillah Robb Al'amin.

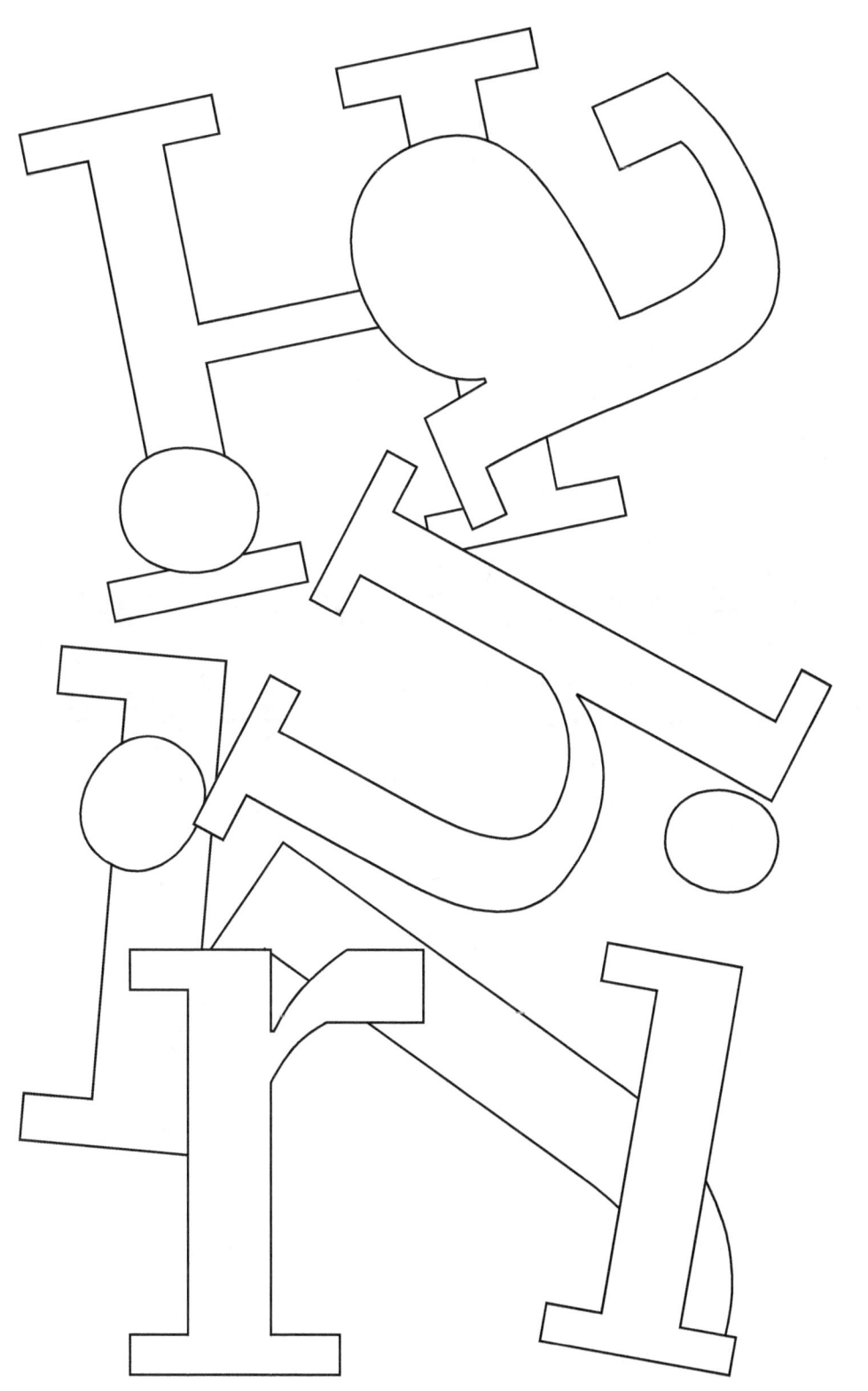

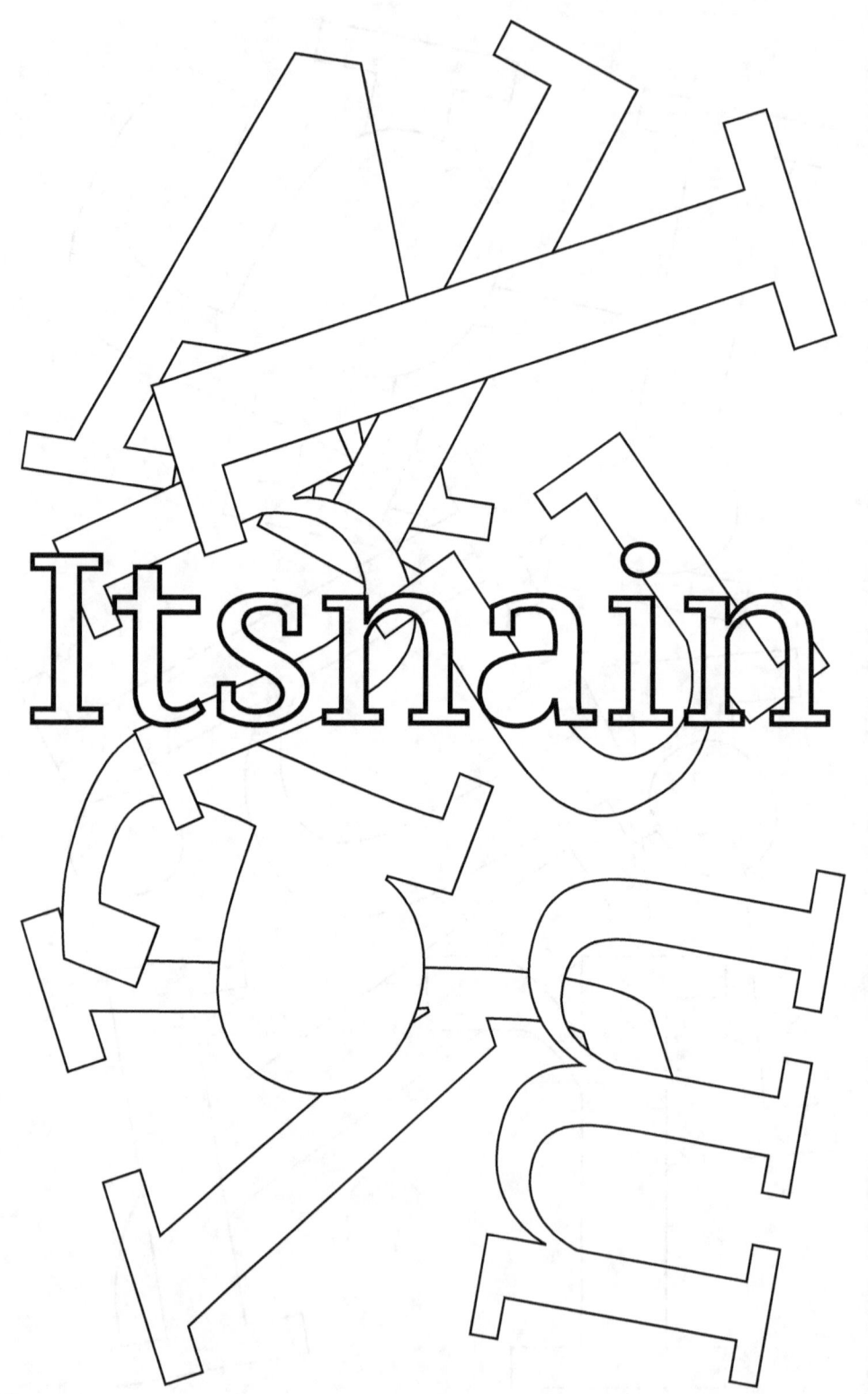

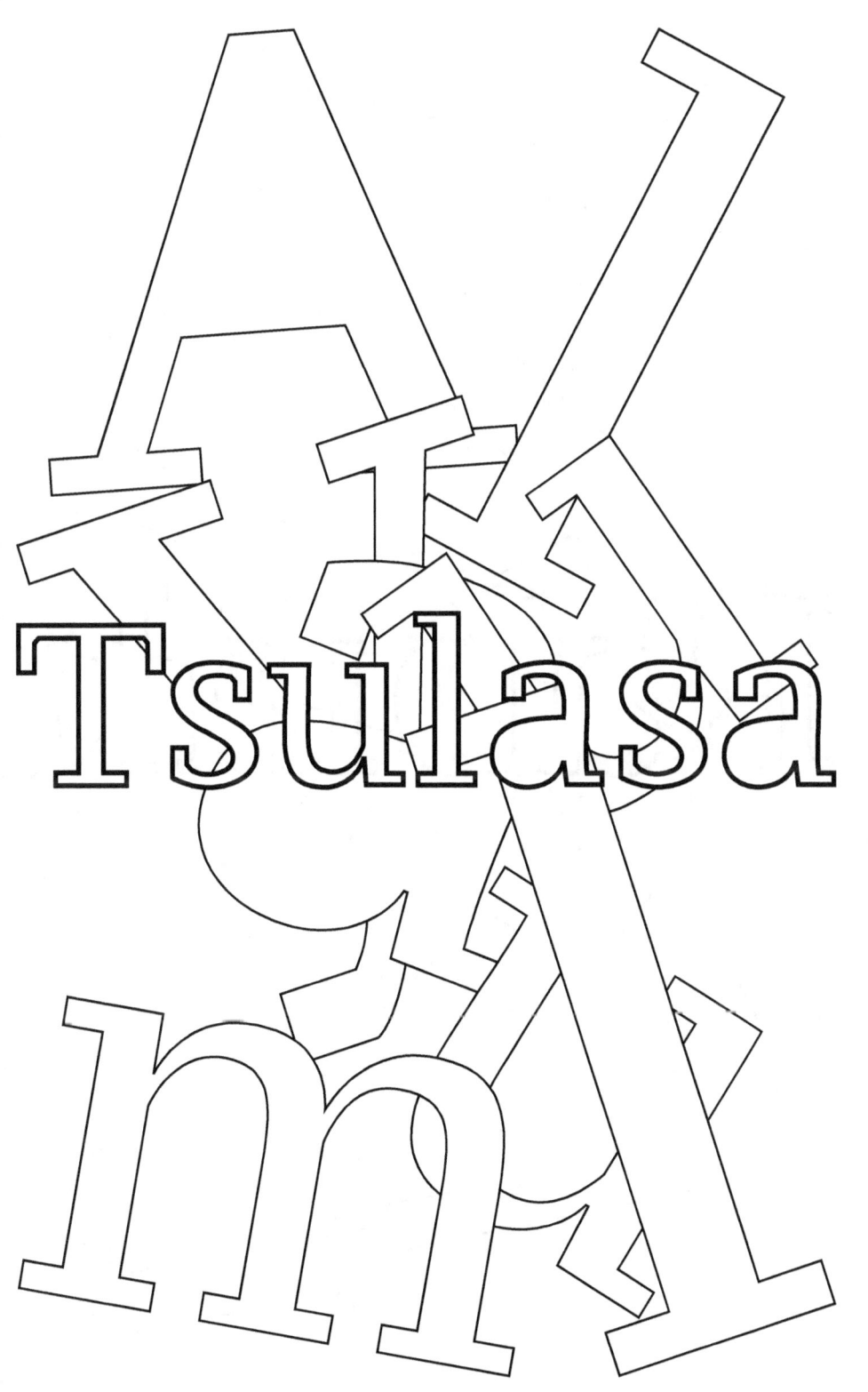

Tsulasa

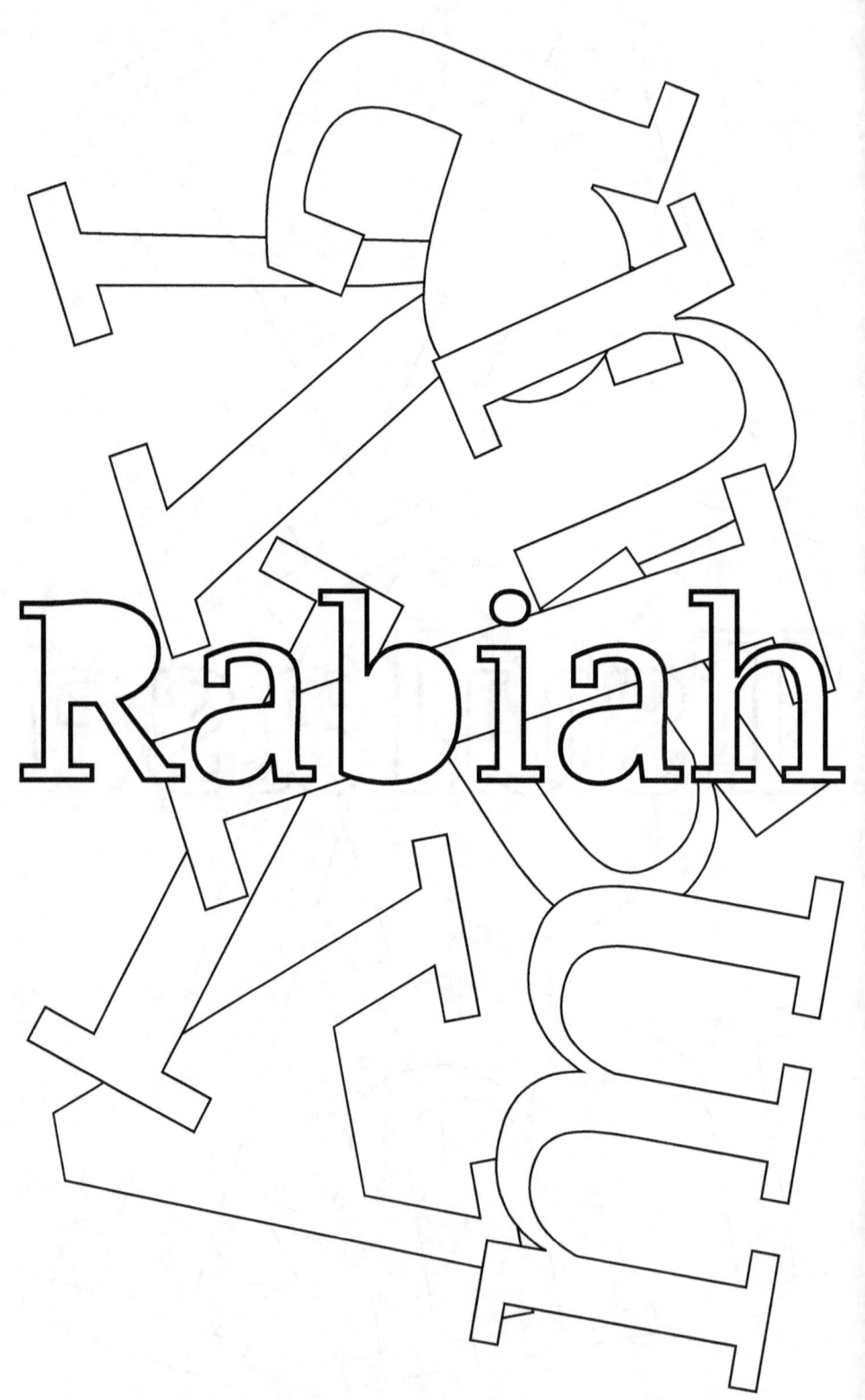

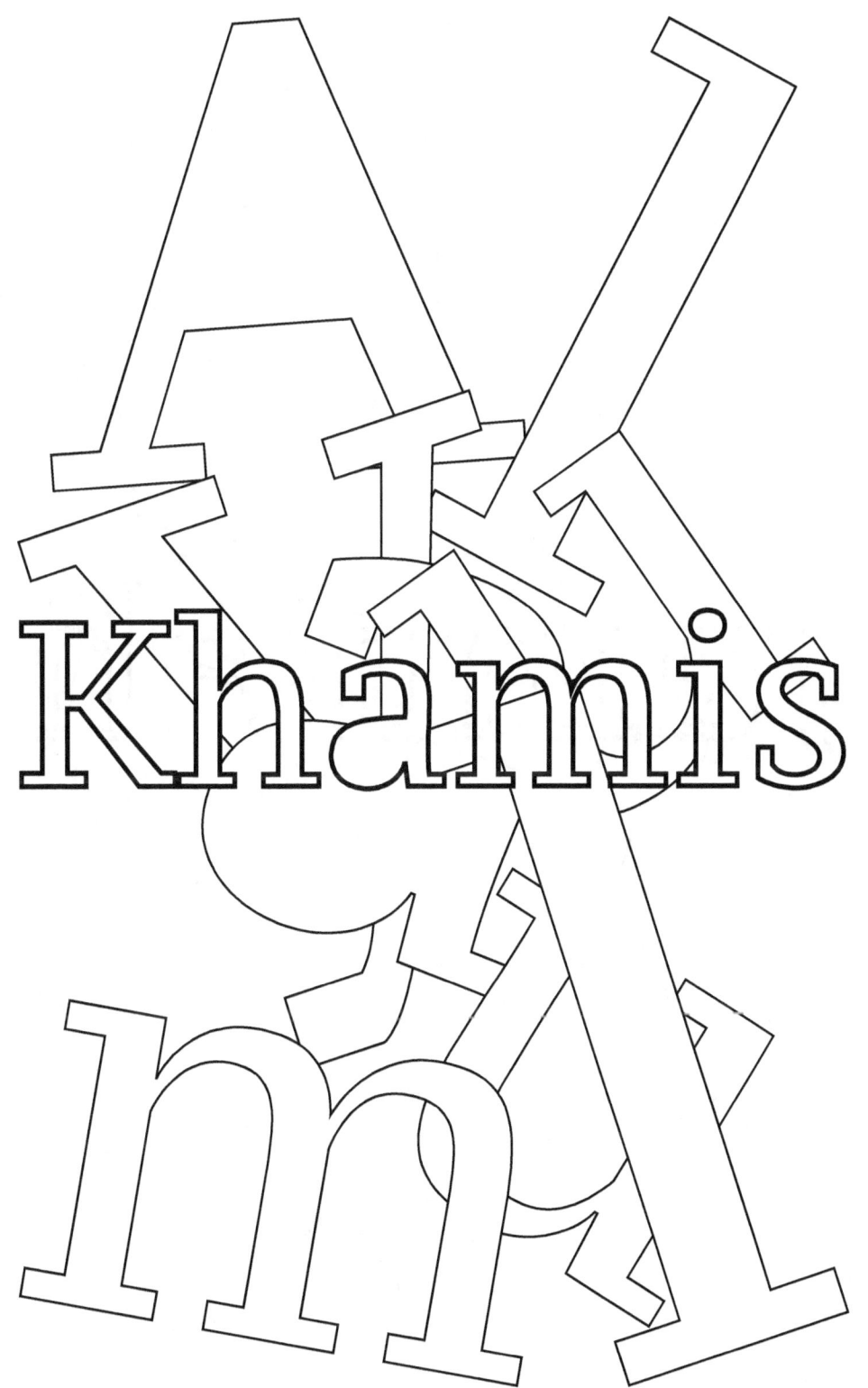

Khamis

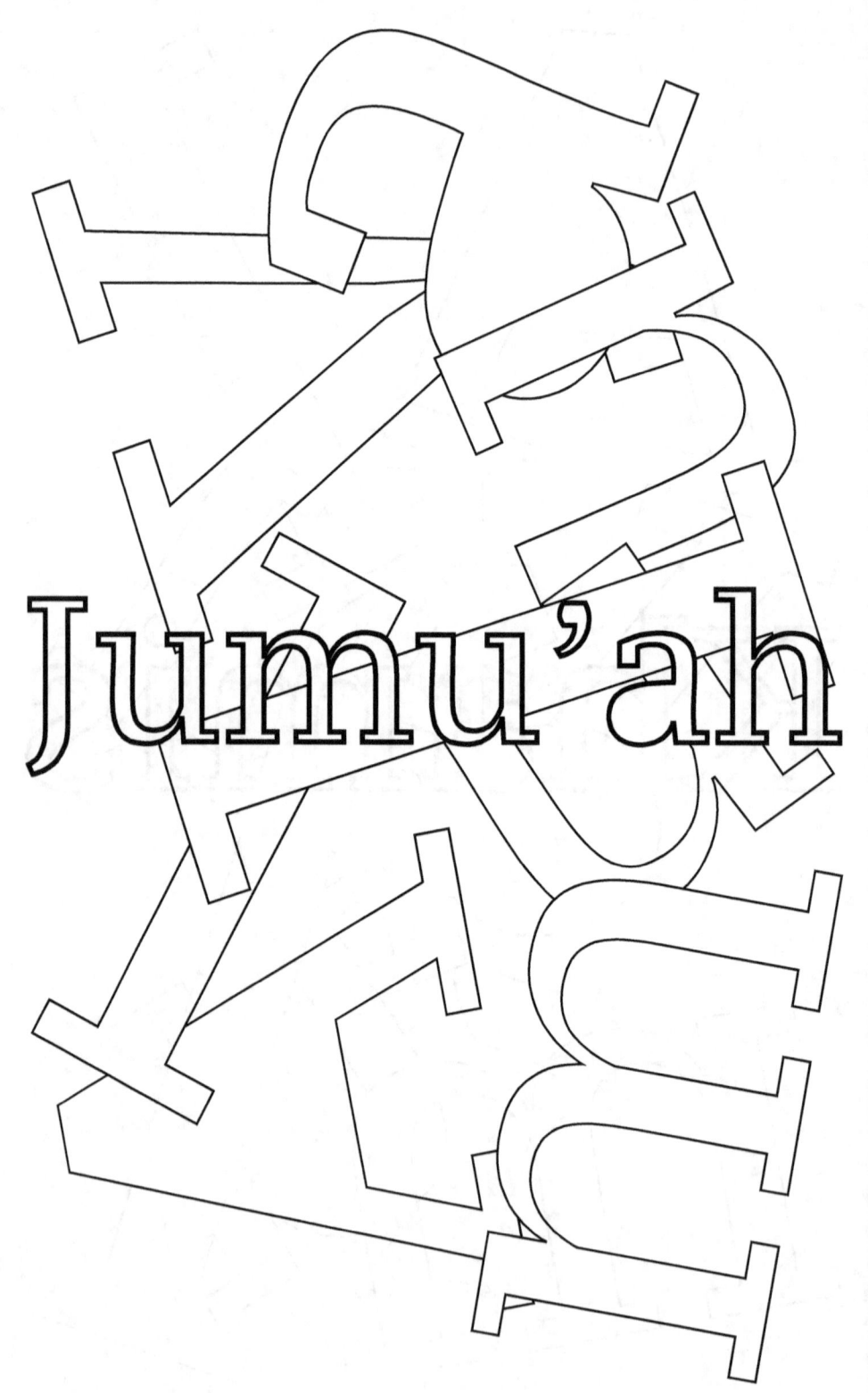

Jumu'ah

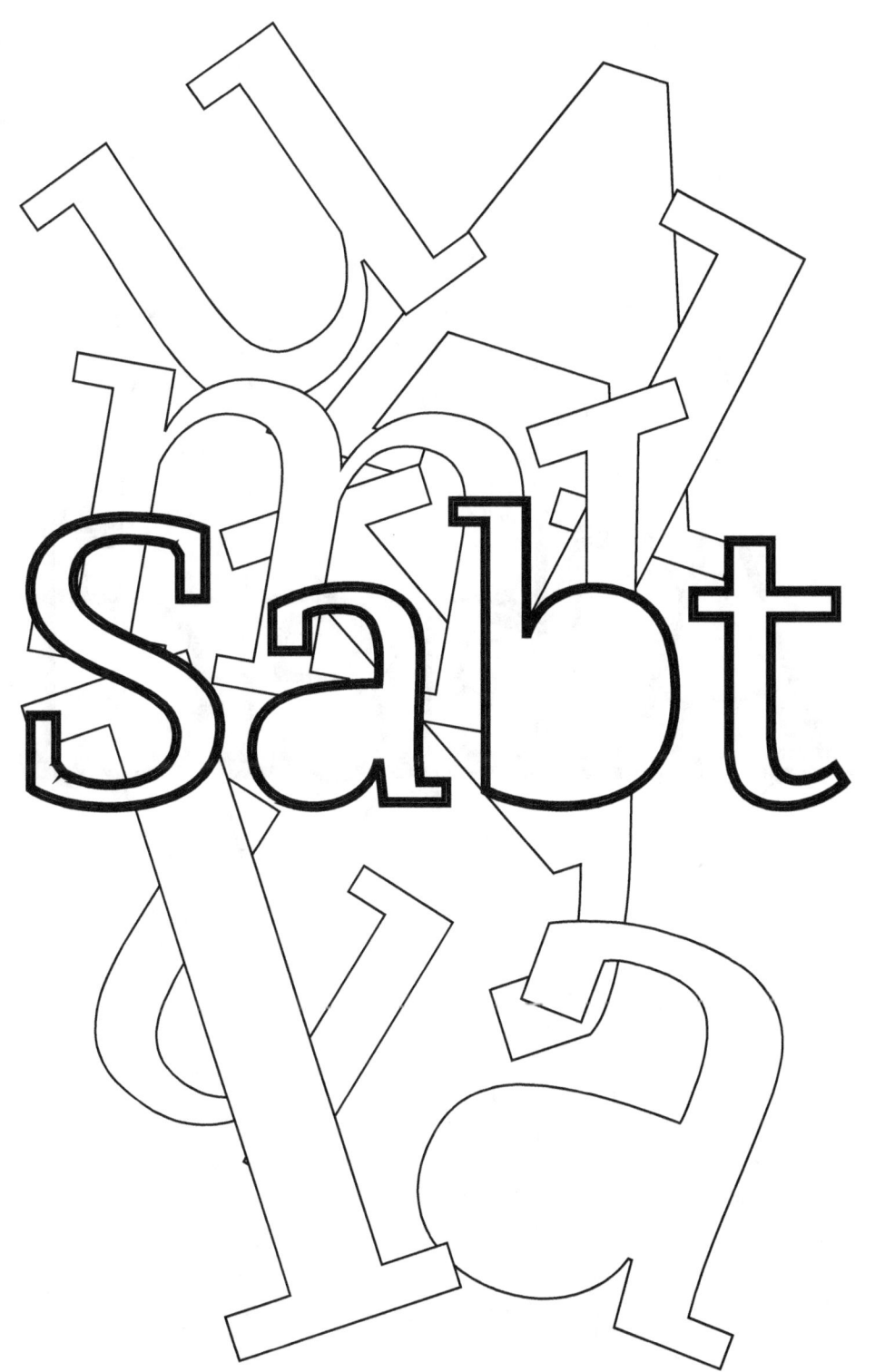

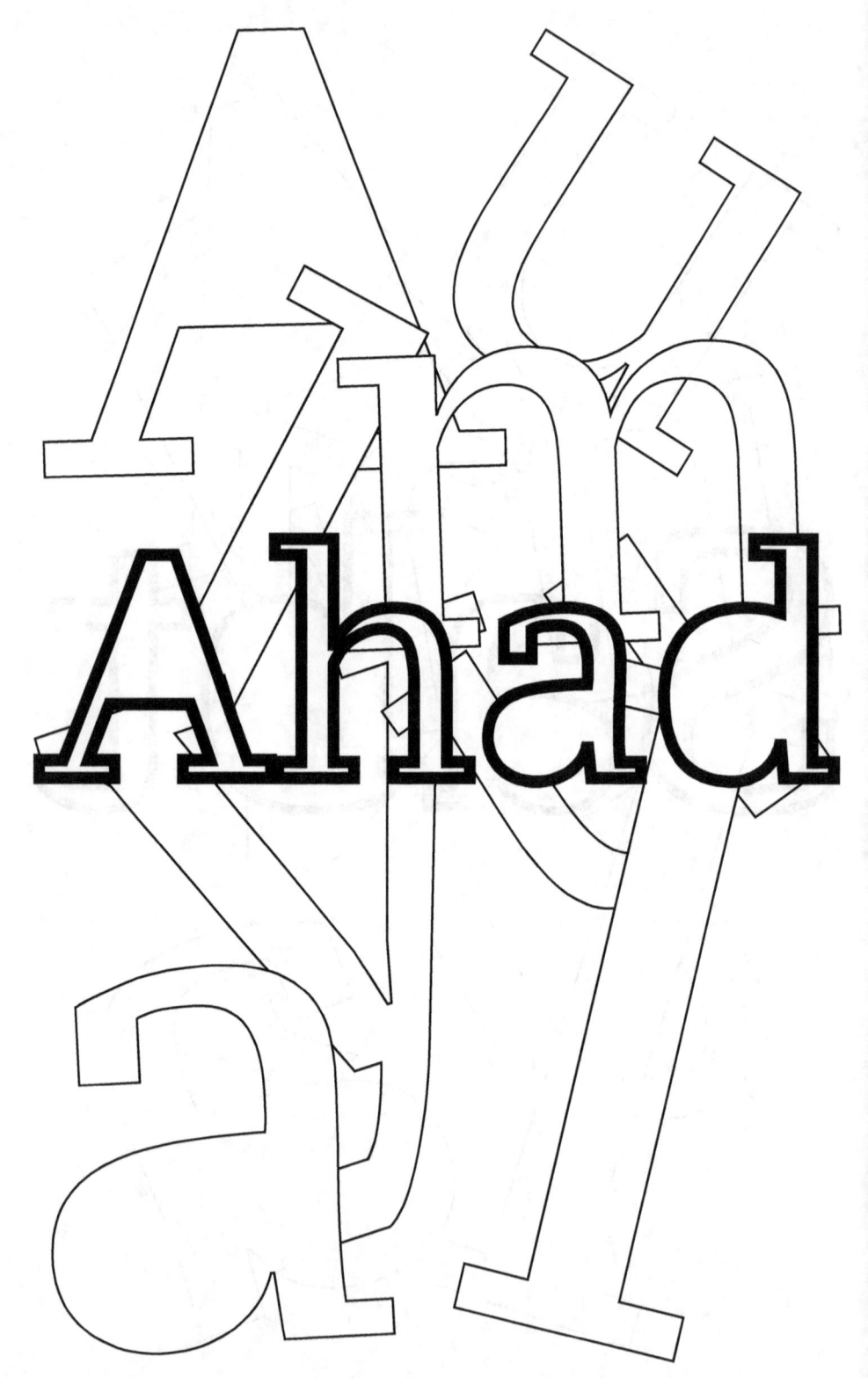

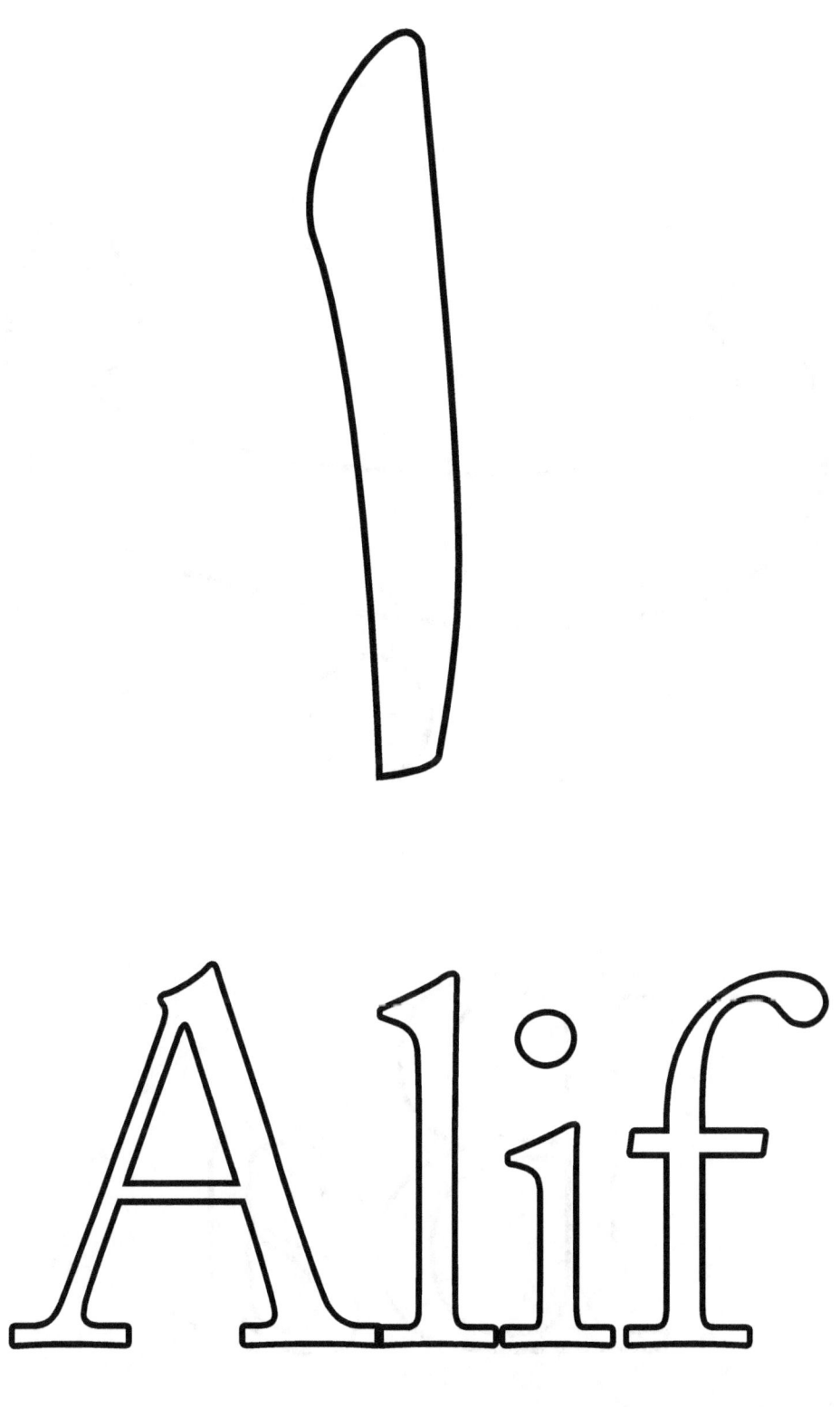

Alif

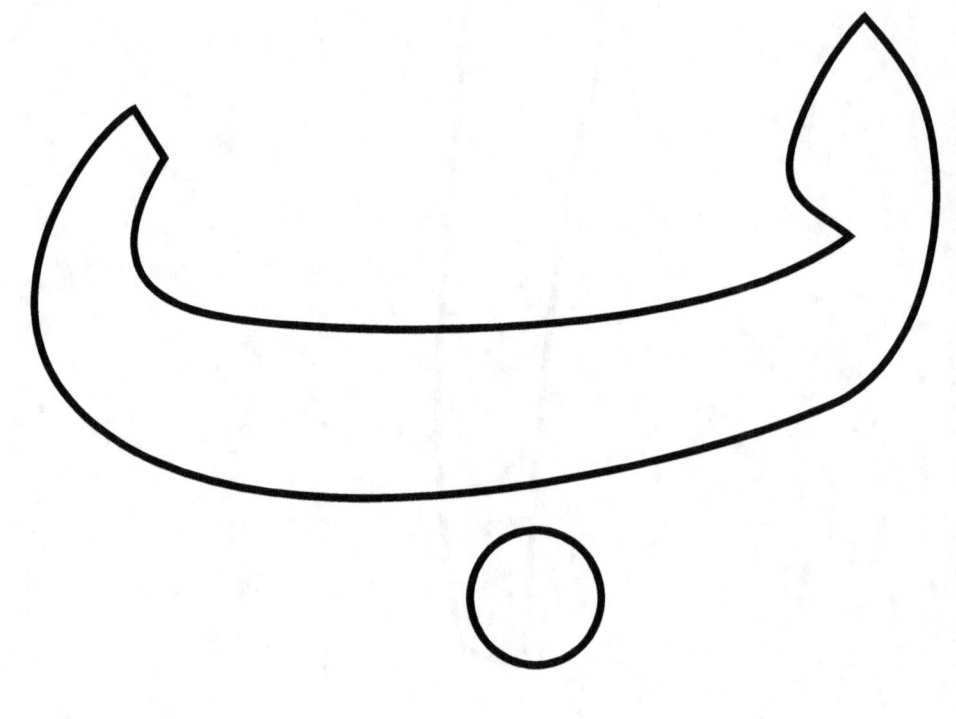

Ba

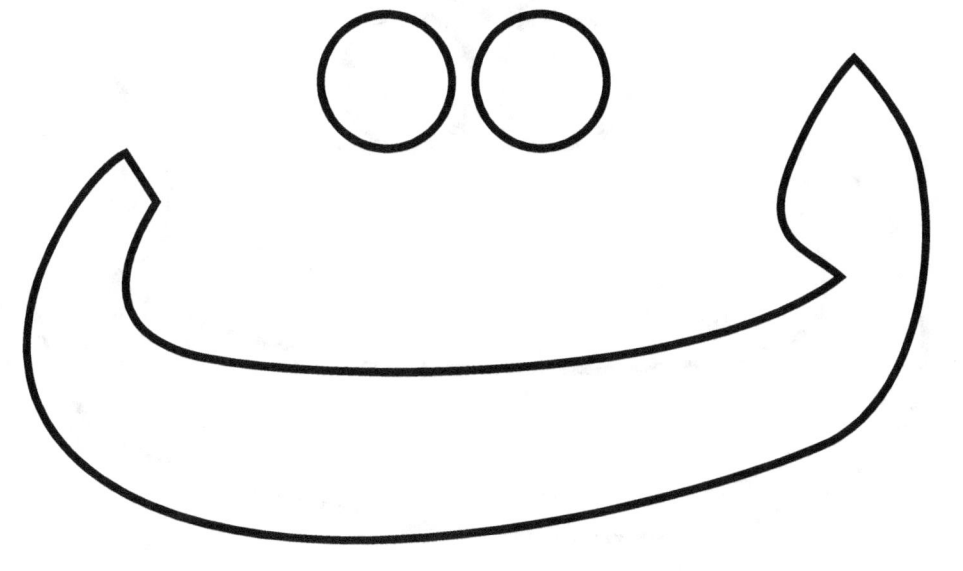

Ta

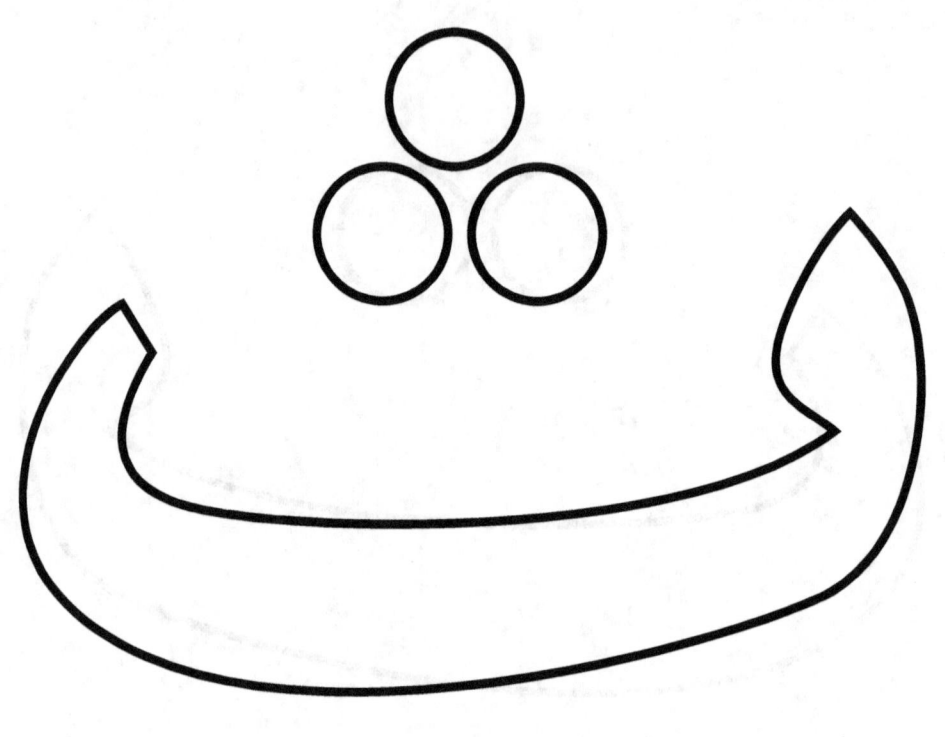

Tsa

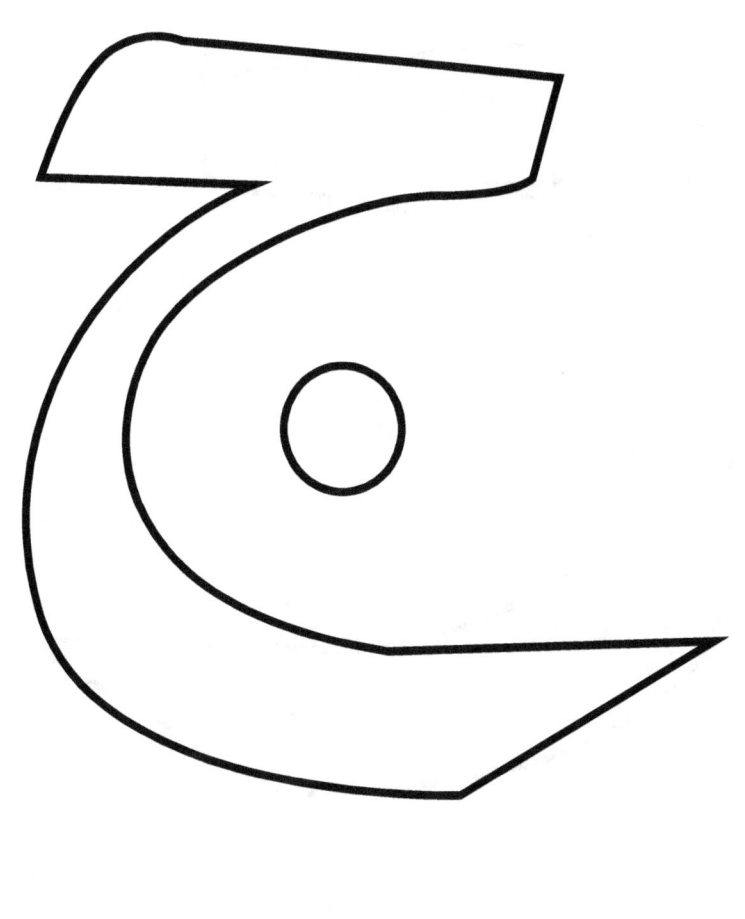

Jim

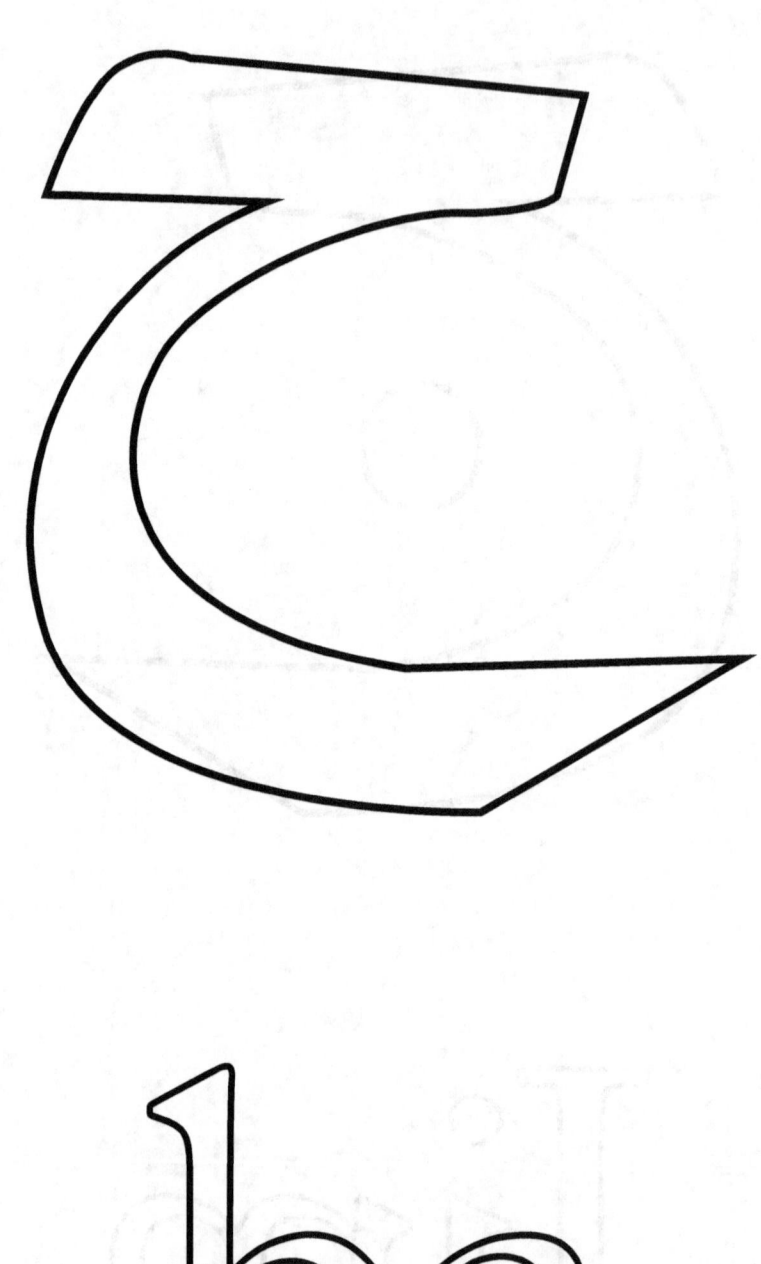

ha

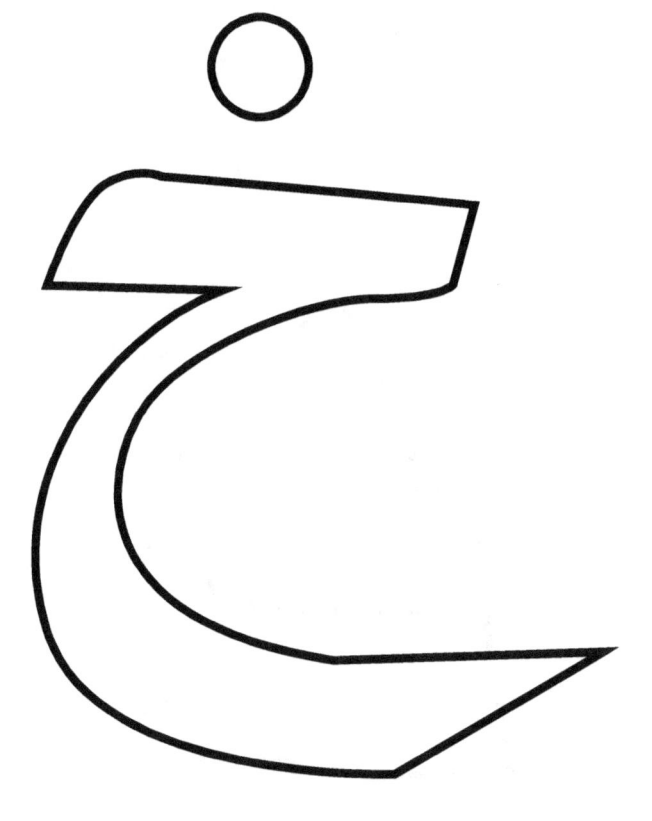

Kho

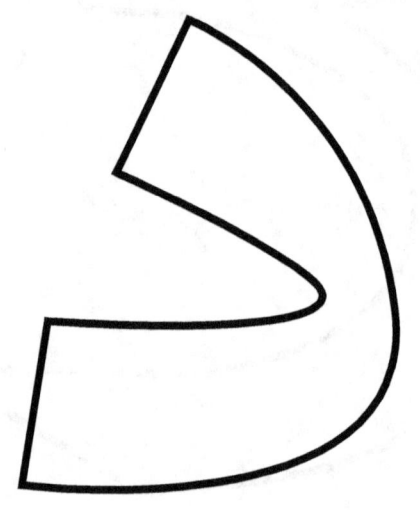

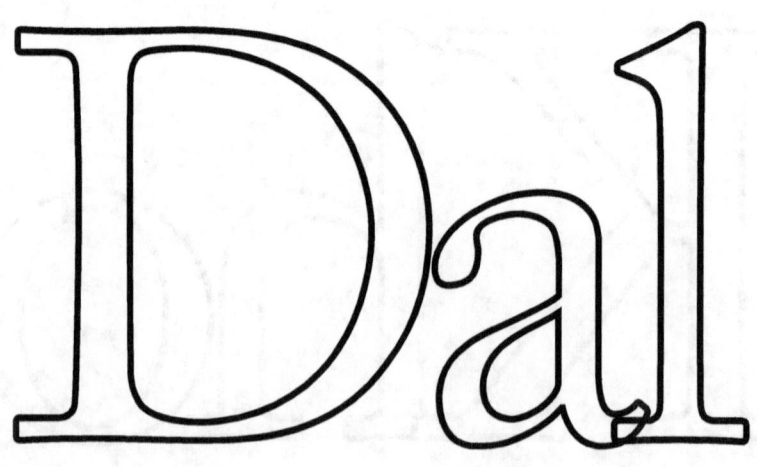

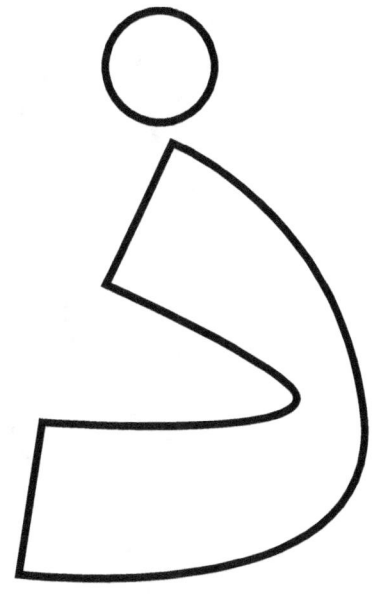

Dzal

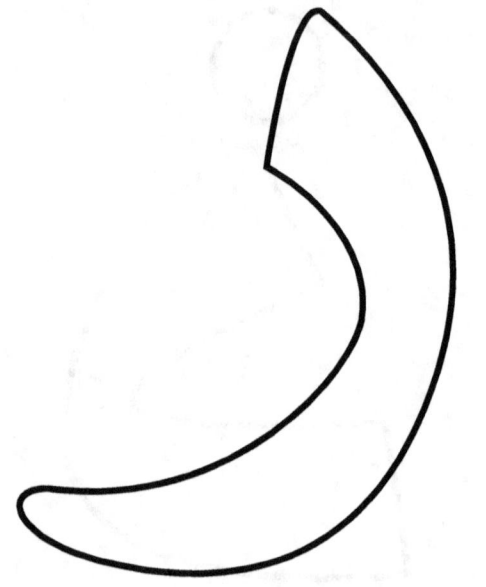

Ro

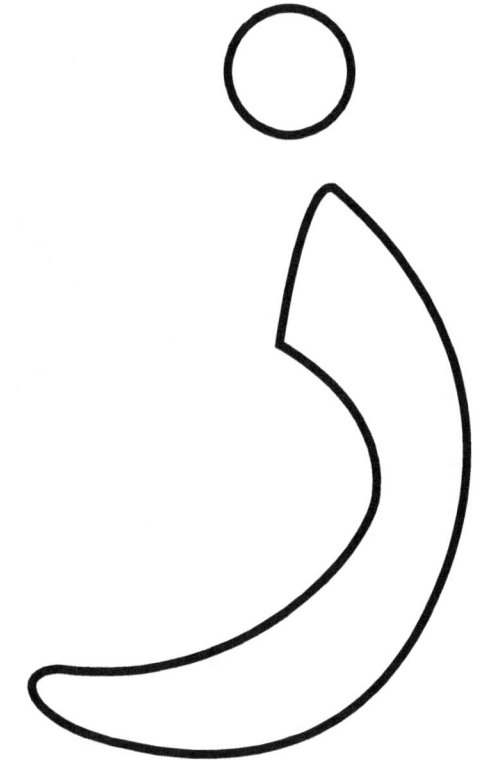

Za

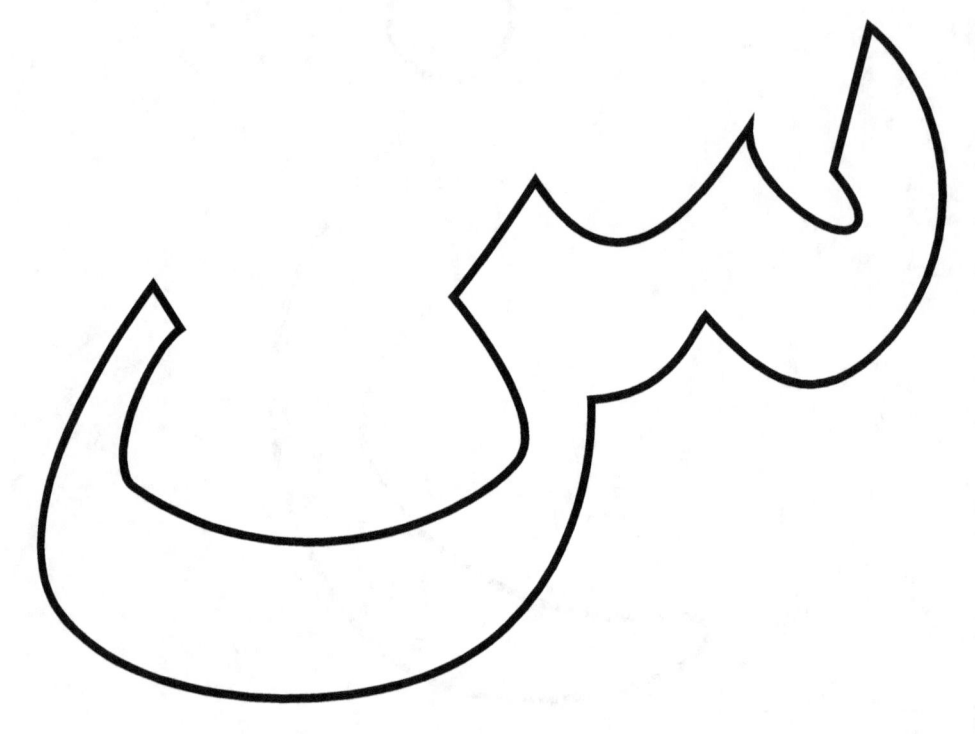

Sin

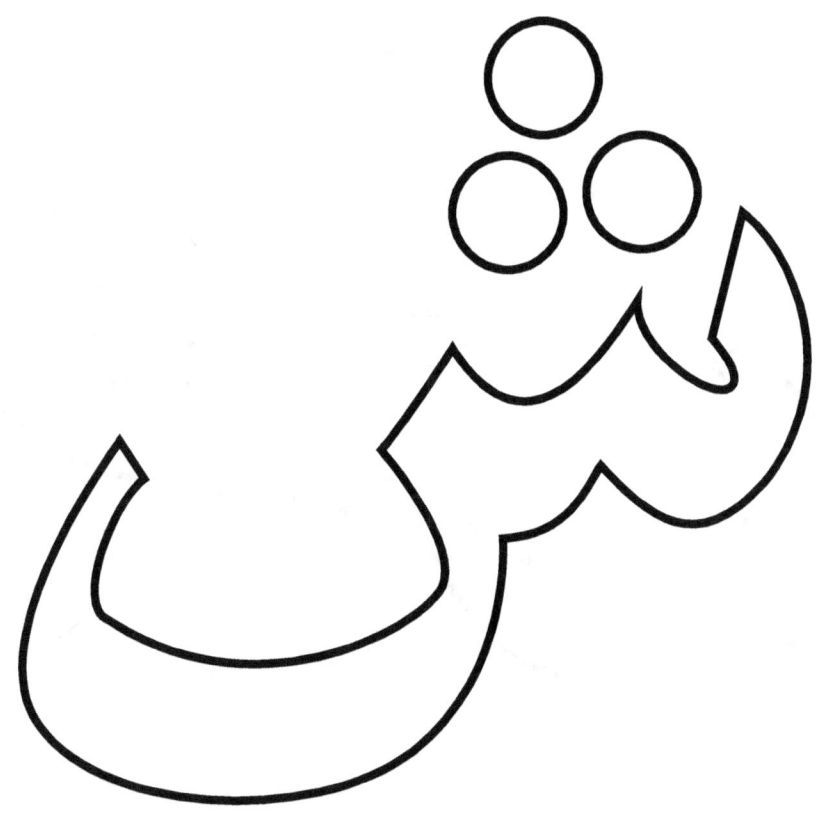

Syin

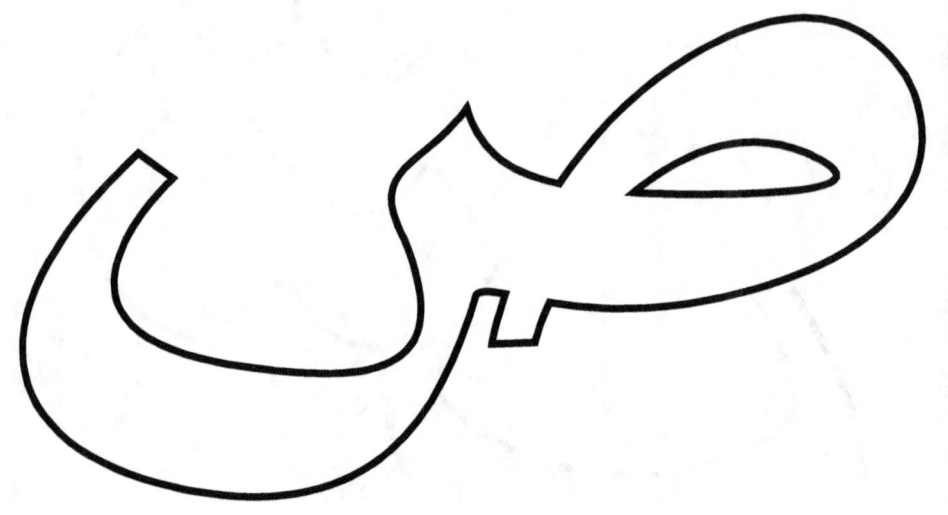

Shod

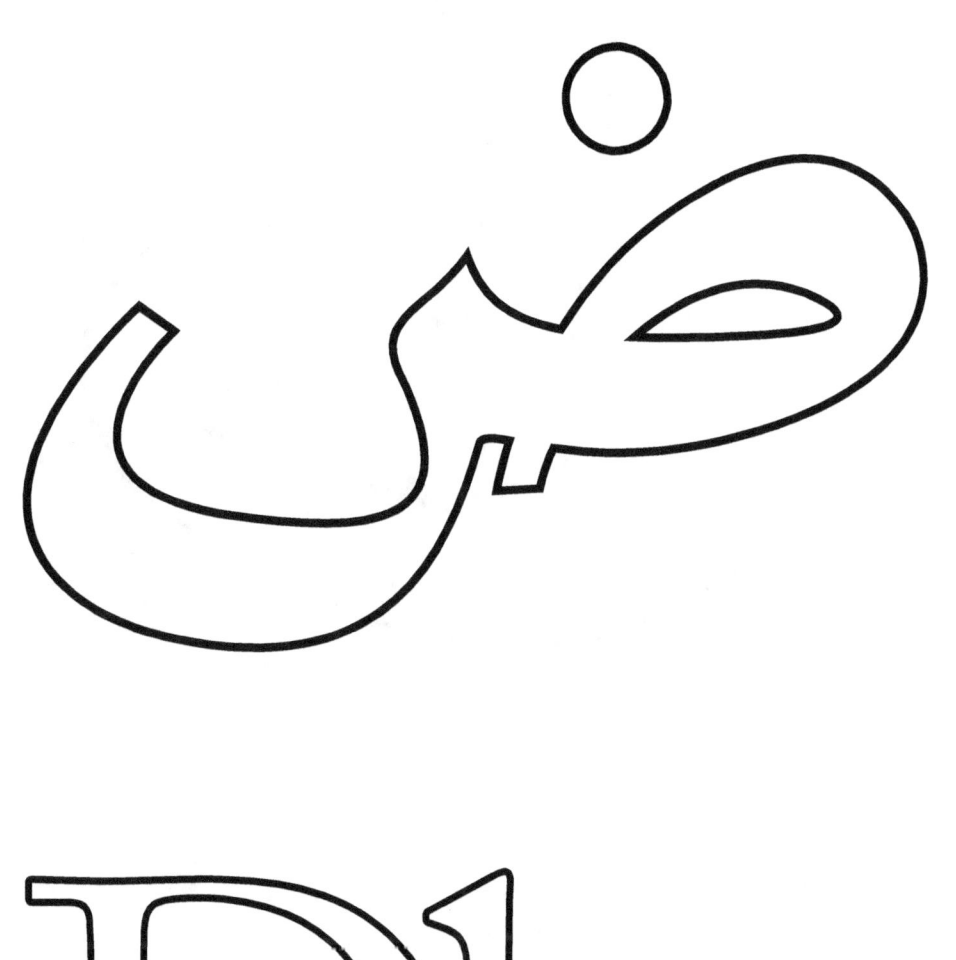

Dho

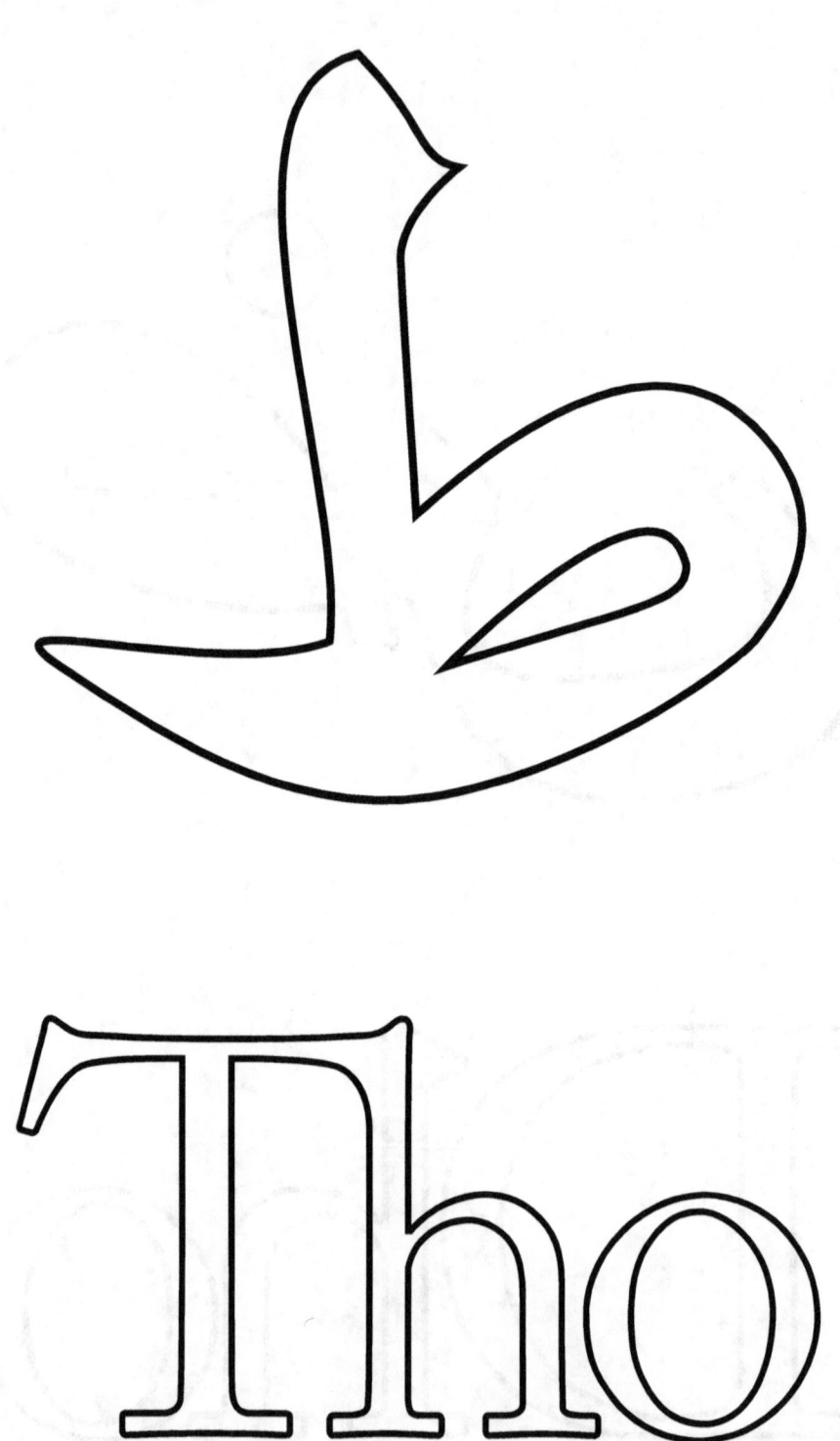

Tho

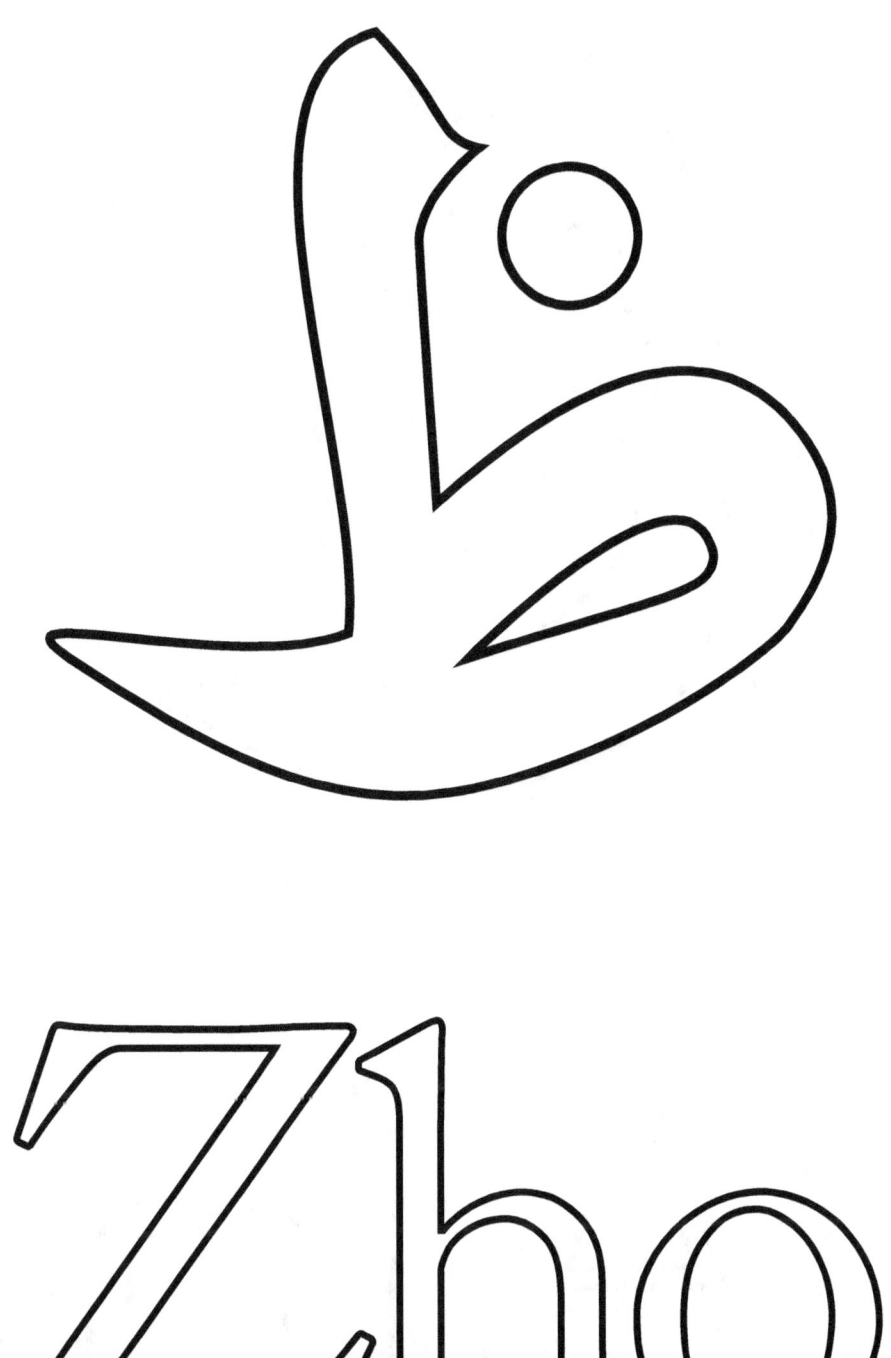

Zho

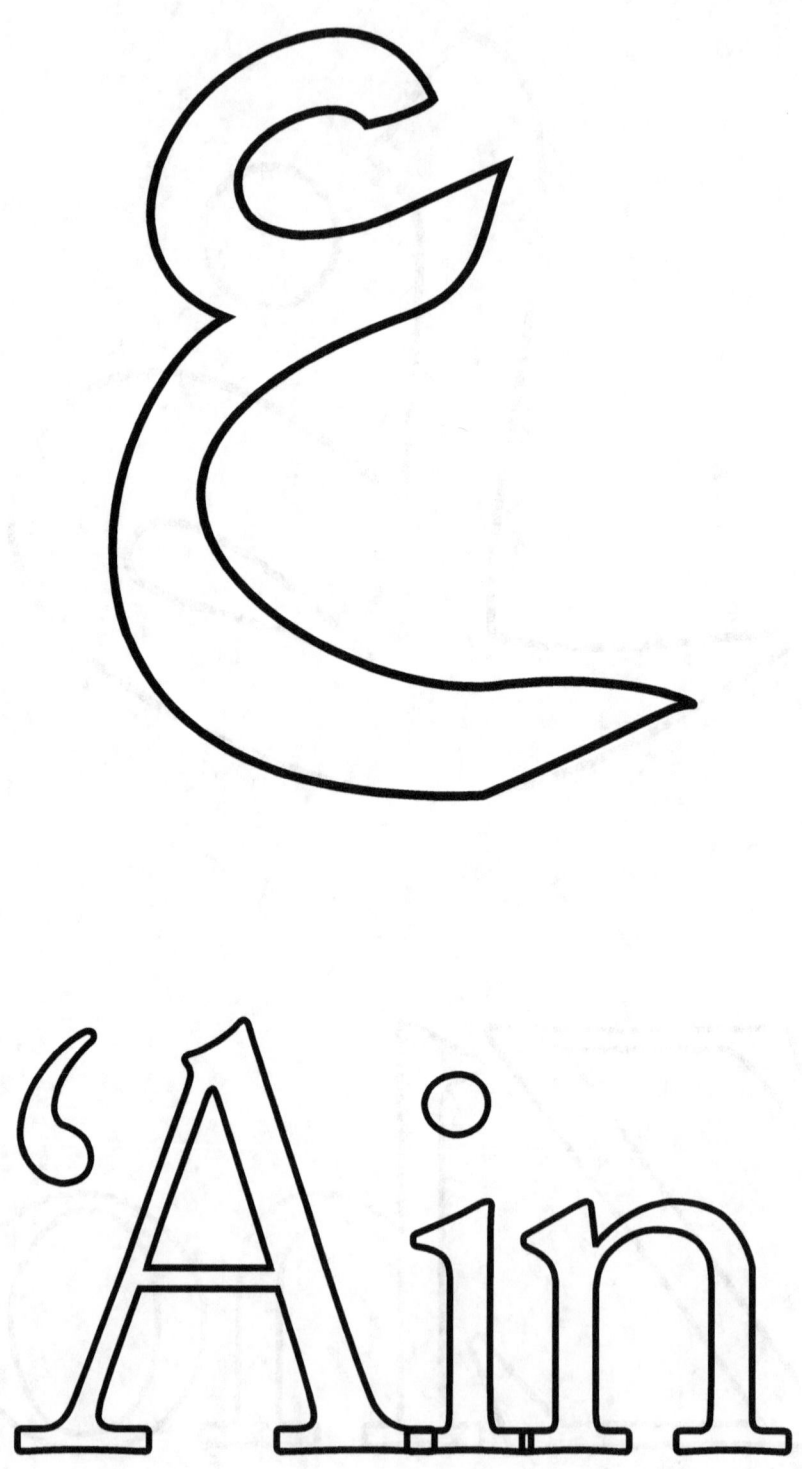

'Ain

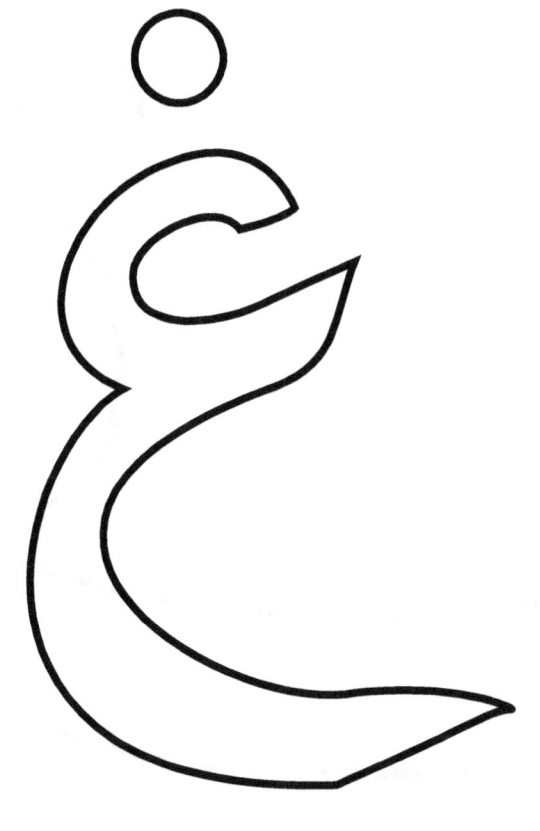

Ghin

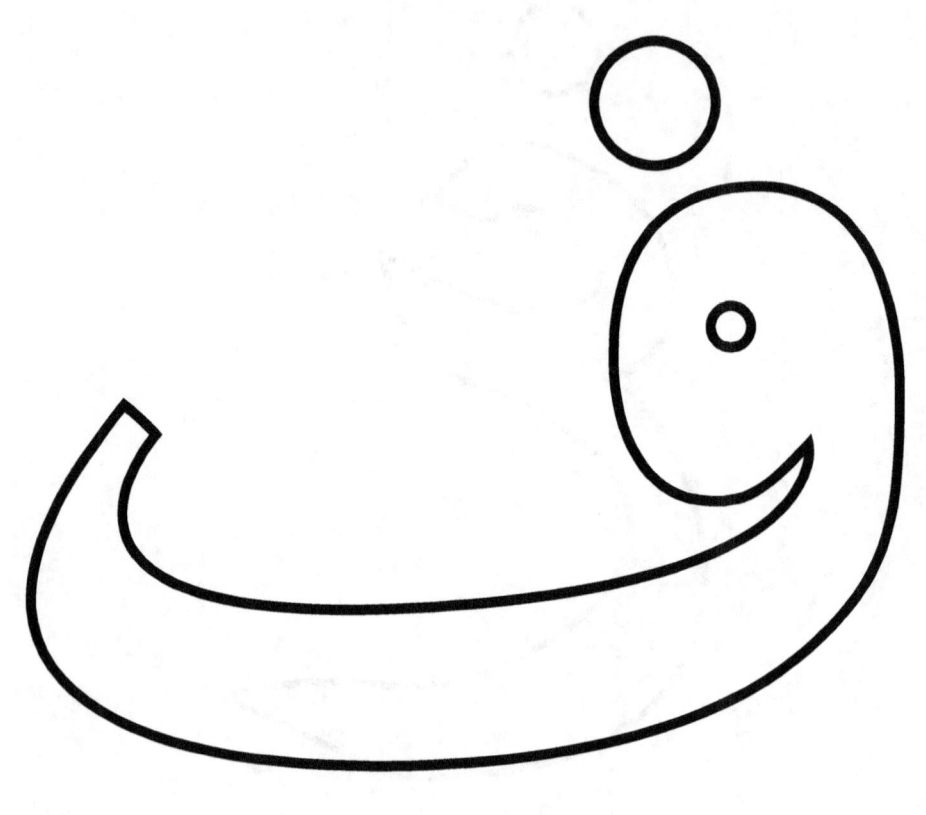

Fa

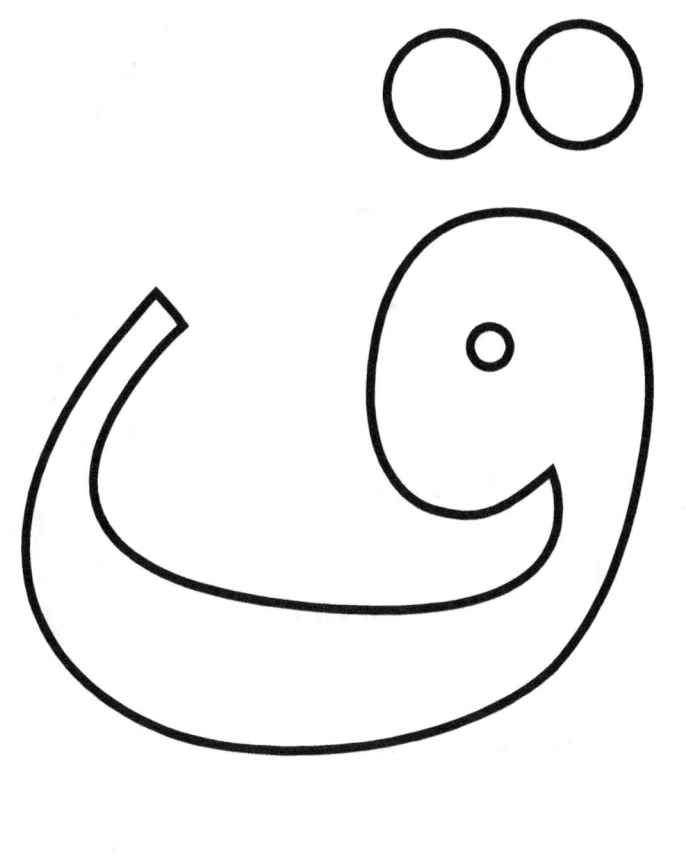

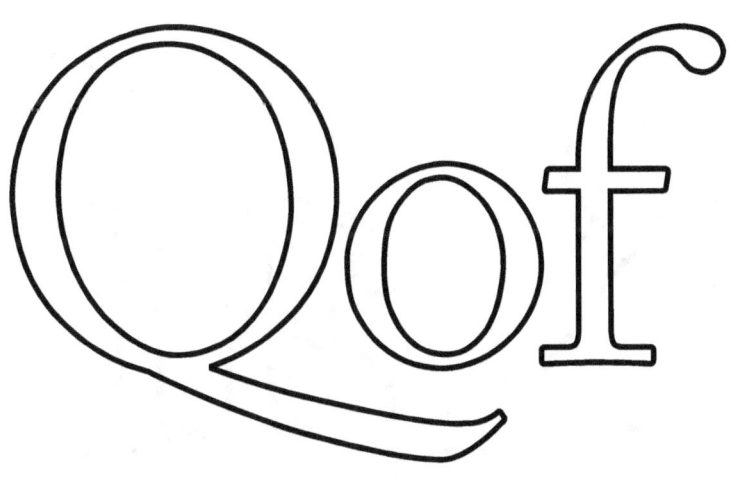

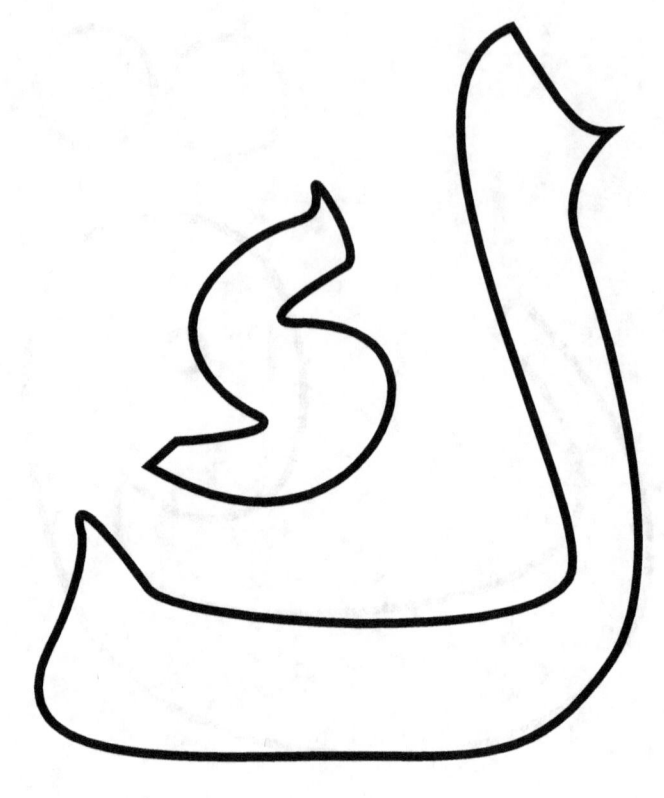

Kaf

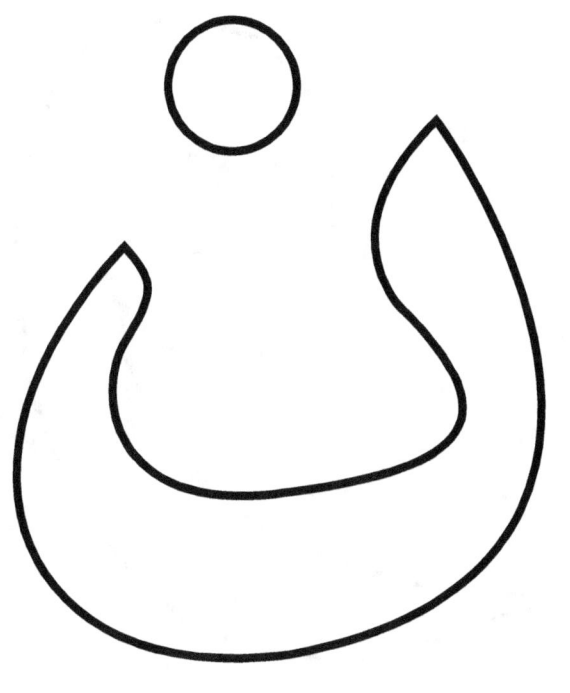

Nun

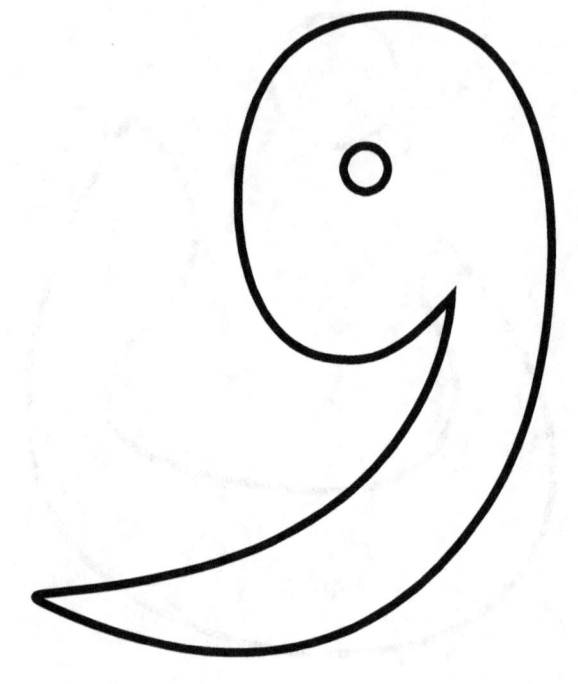

Wa

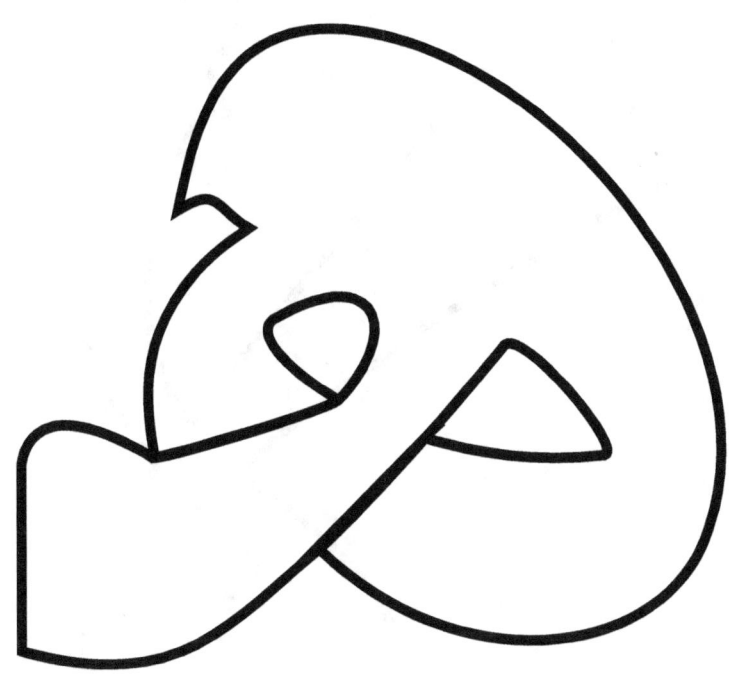

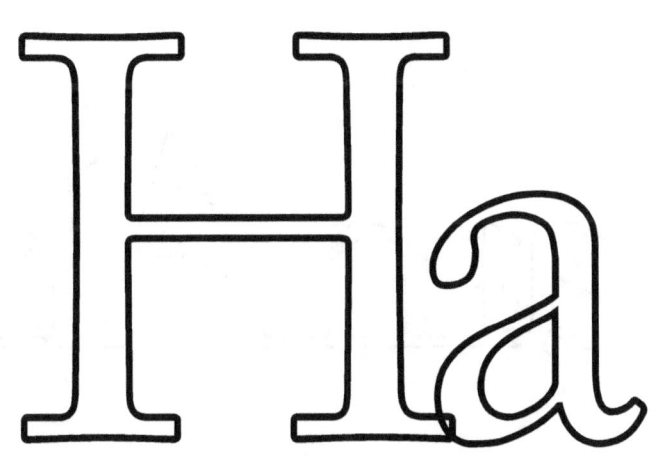

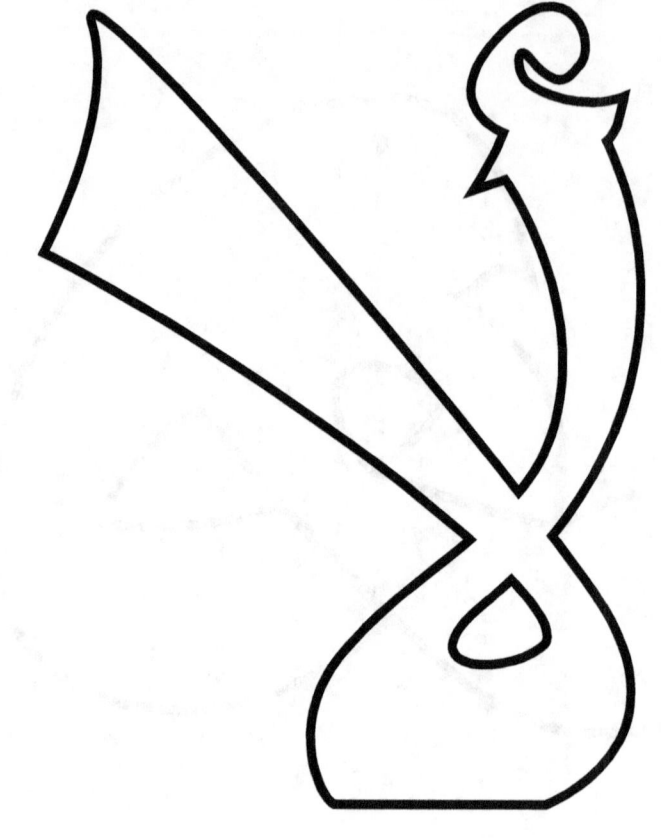

Lam Alif

Hamzah

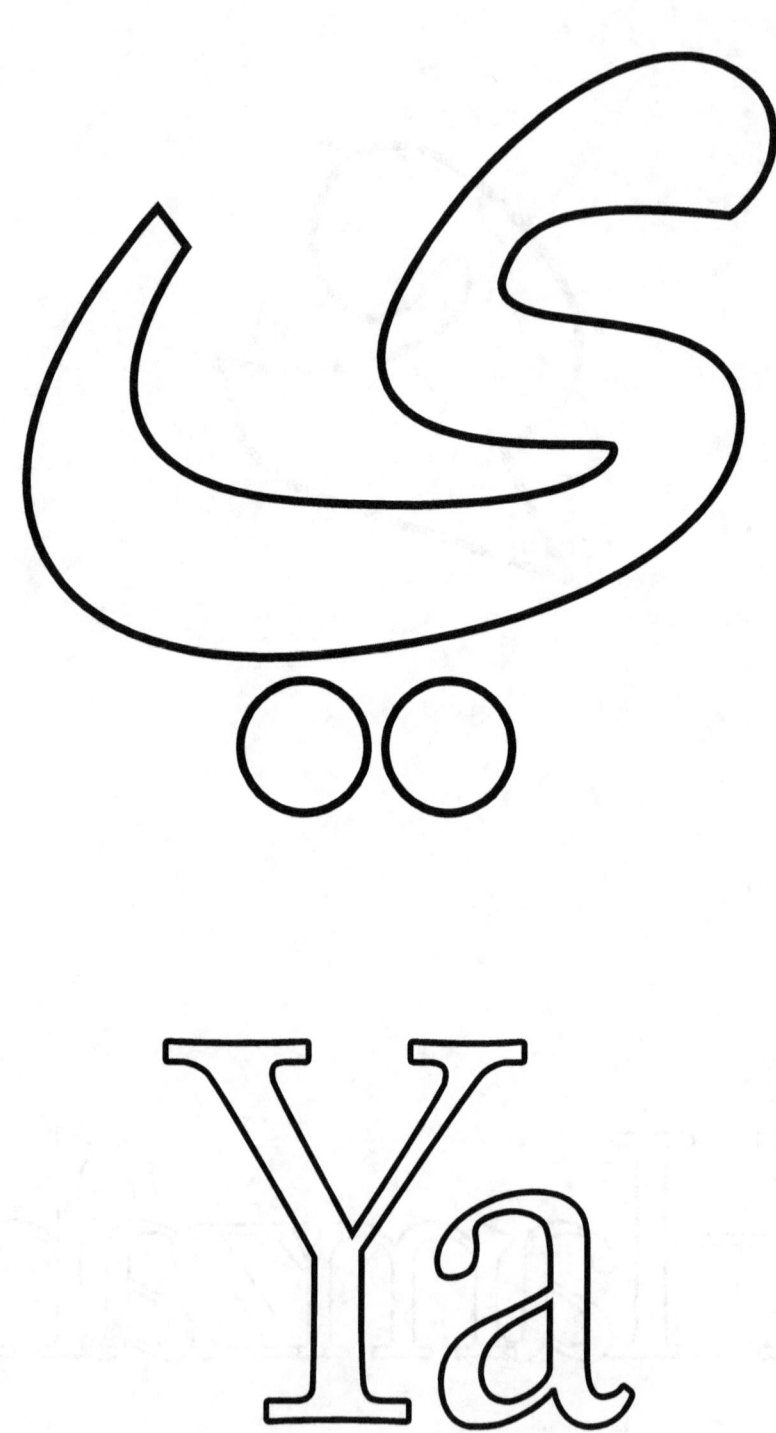

Ya

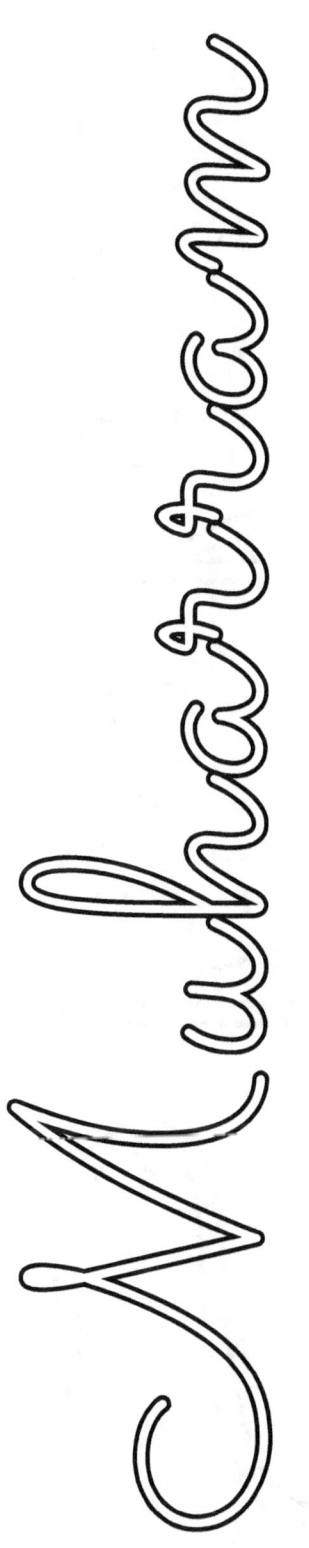

Muharram

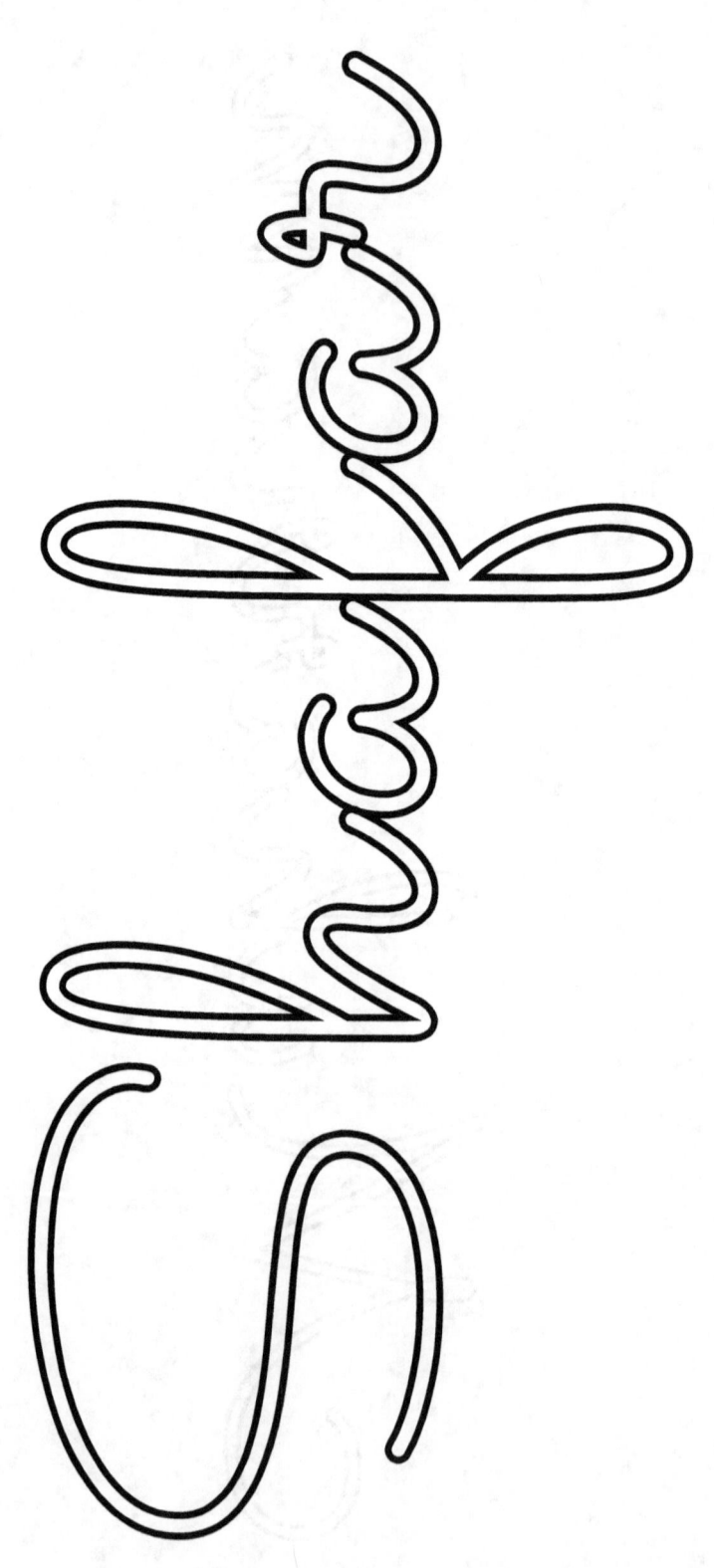

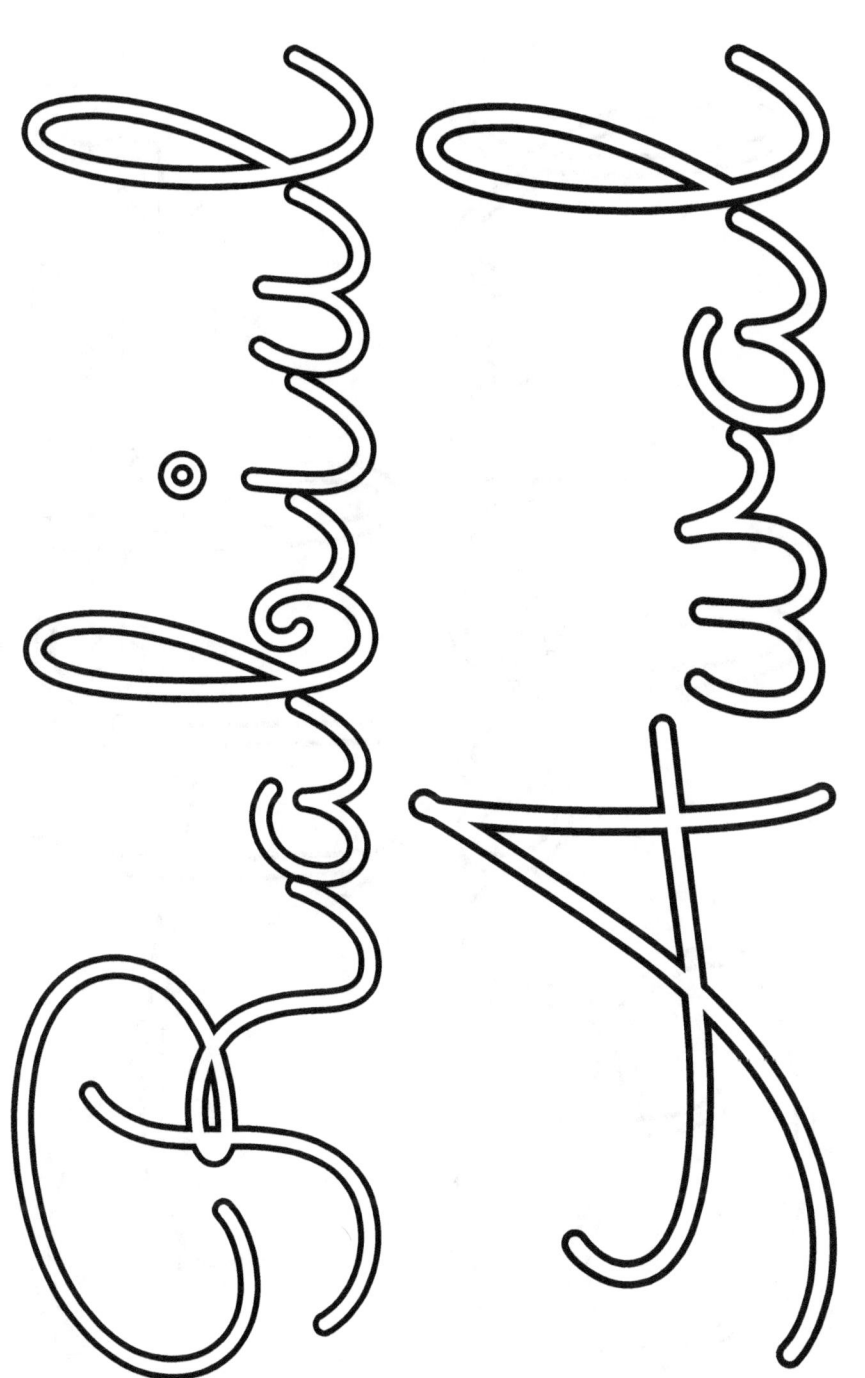

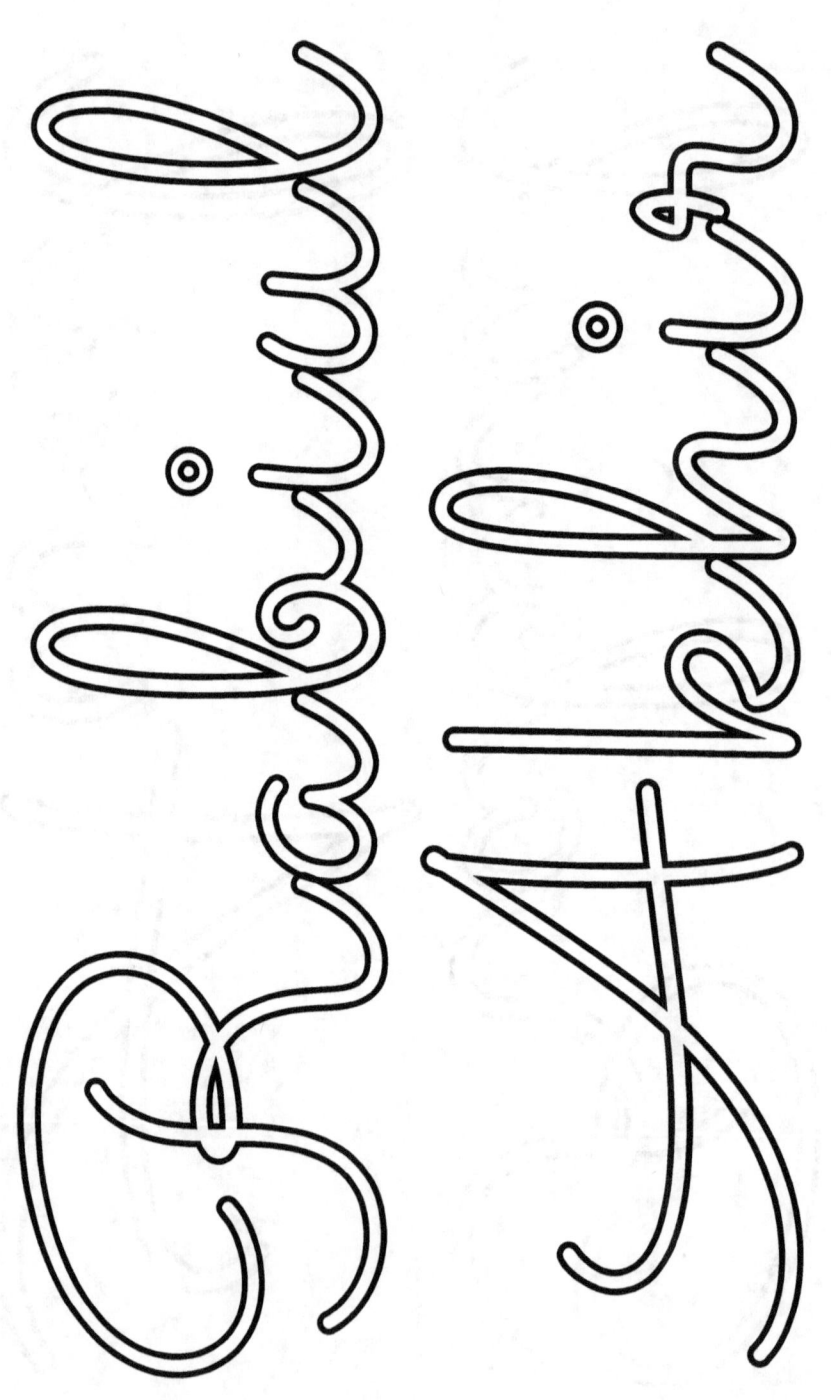

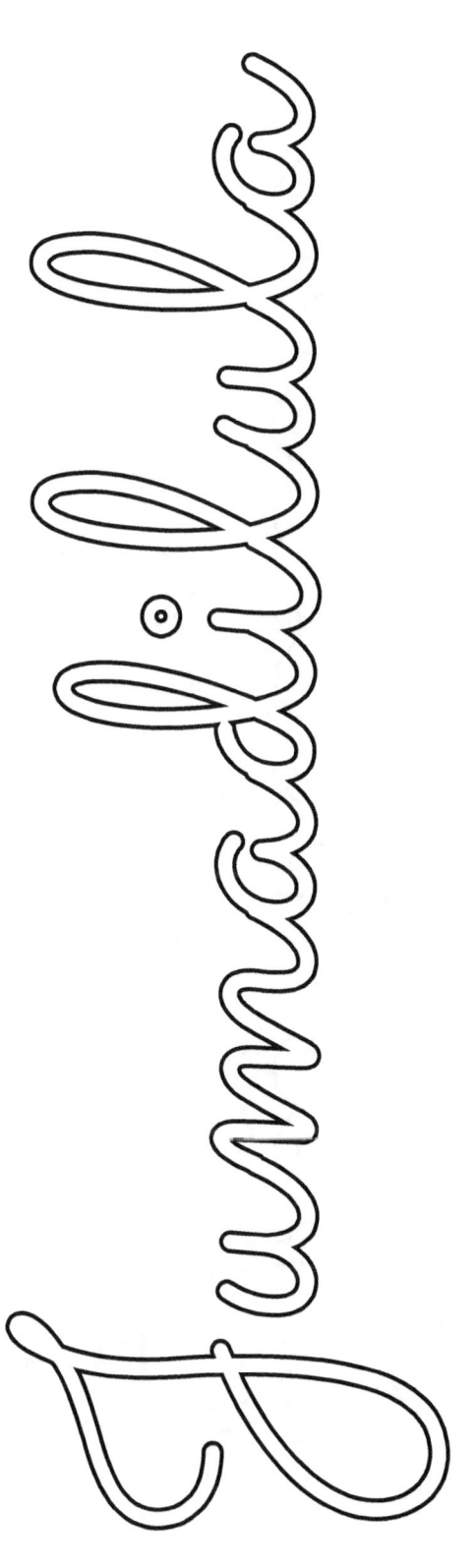

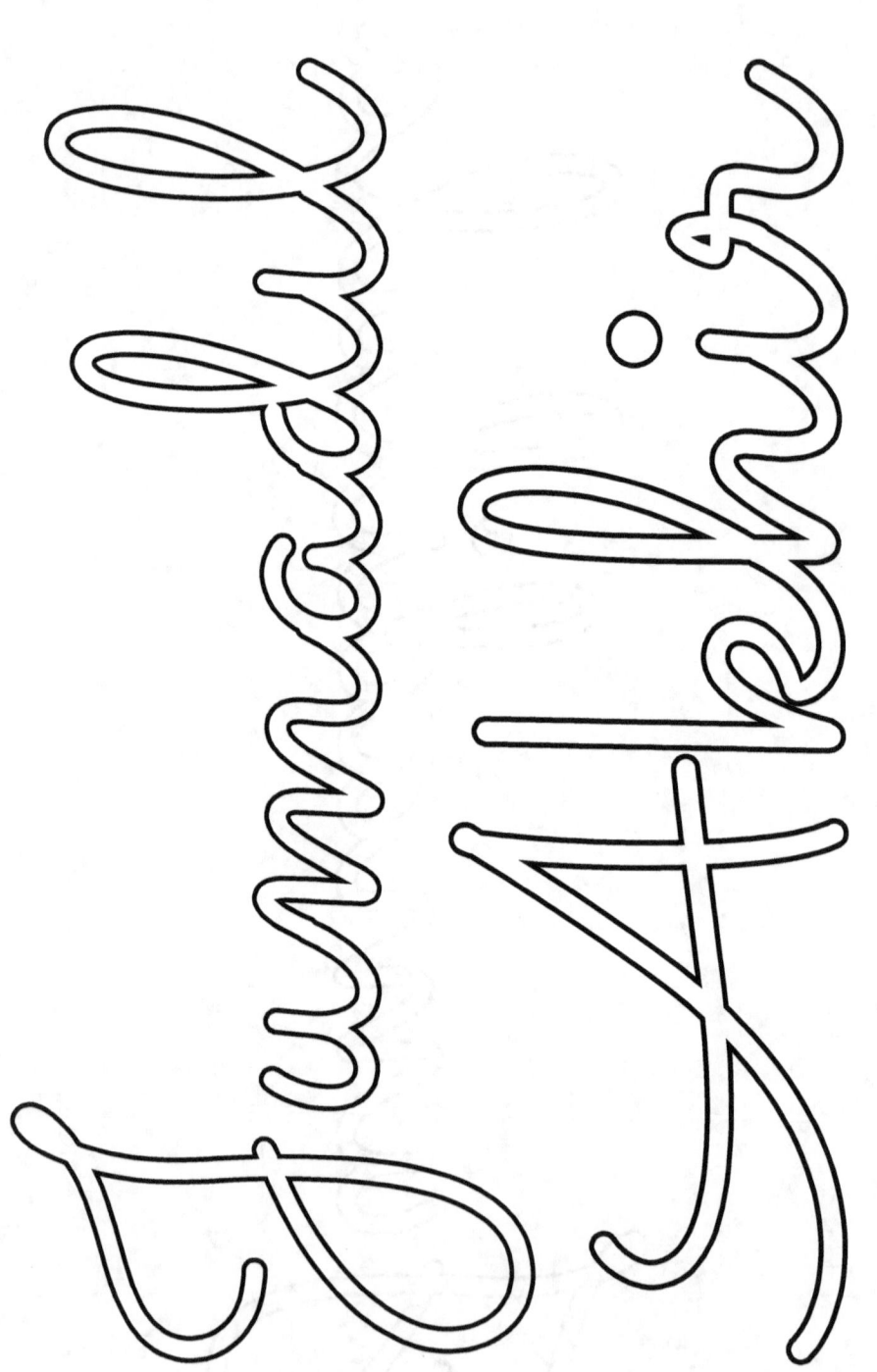

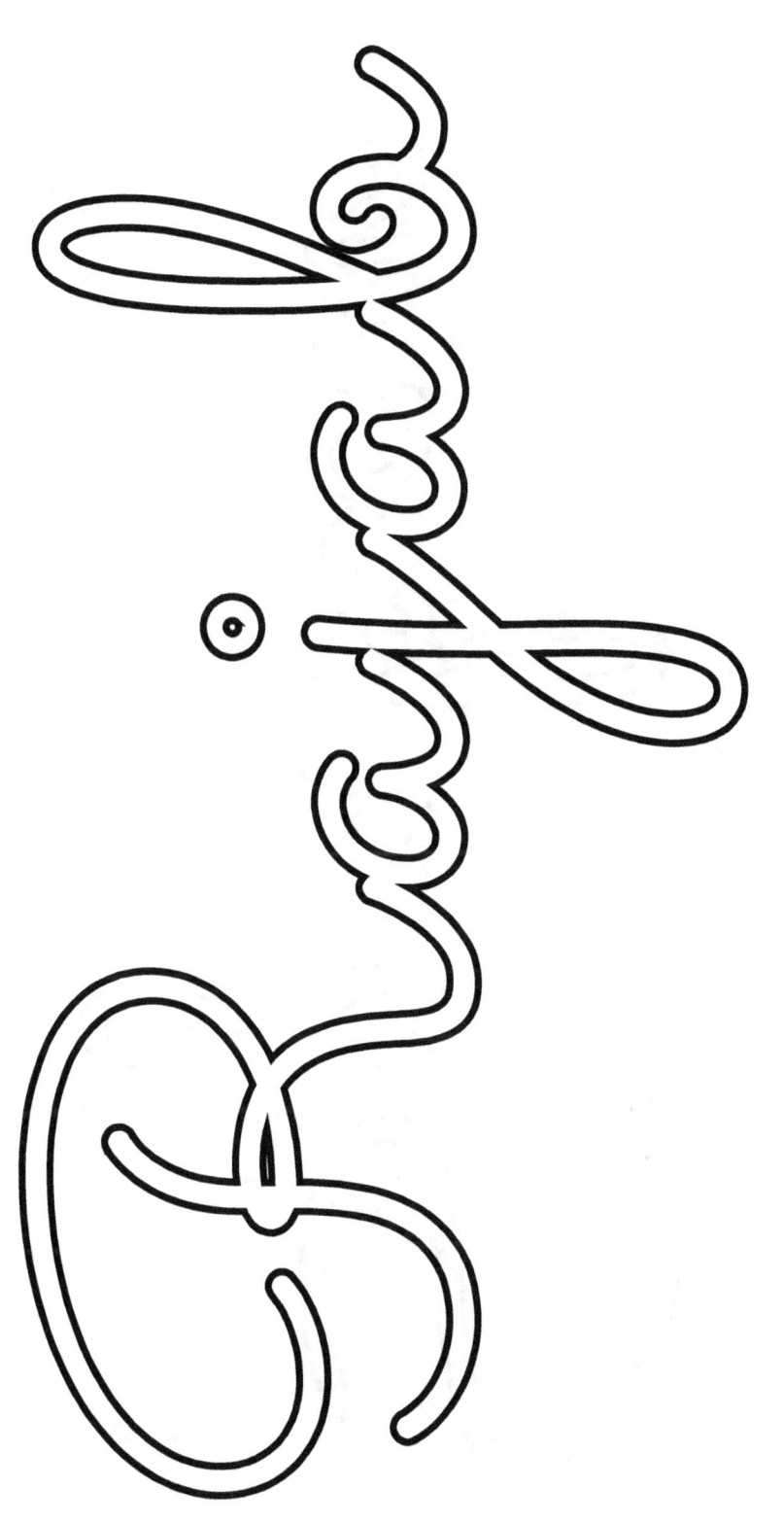

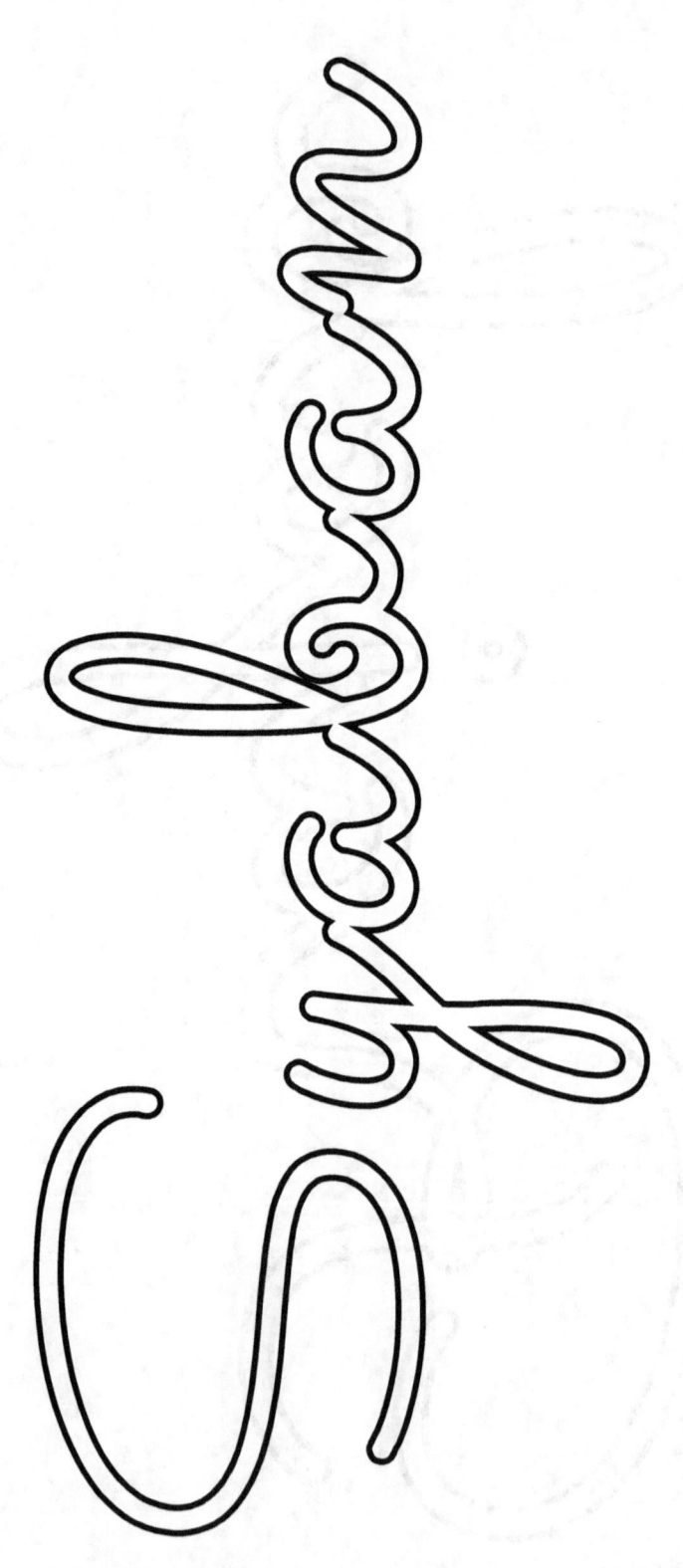

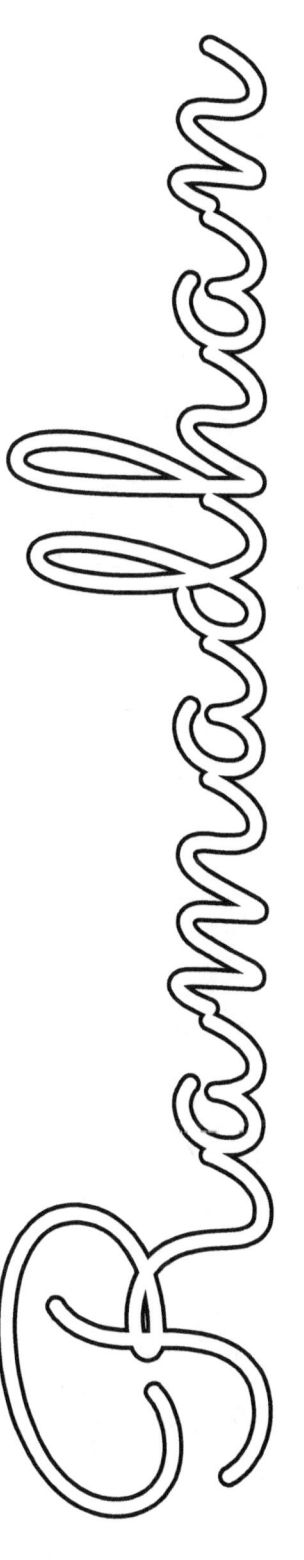

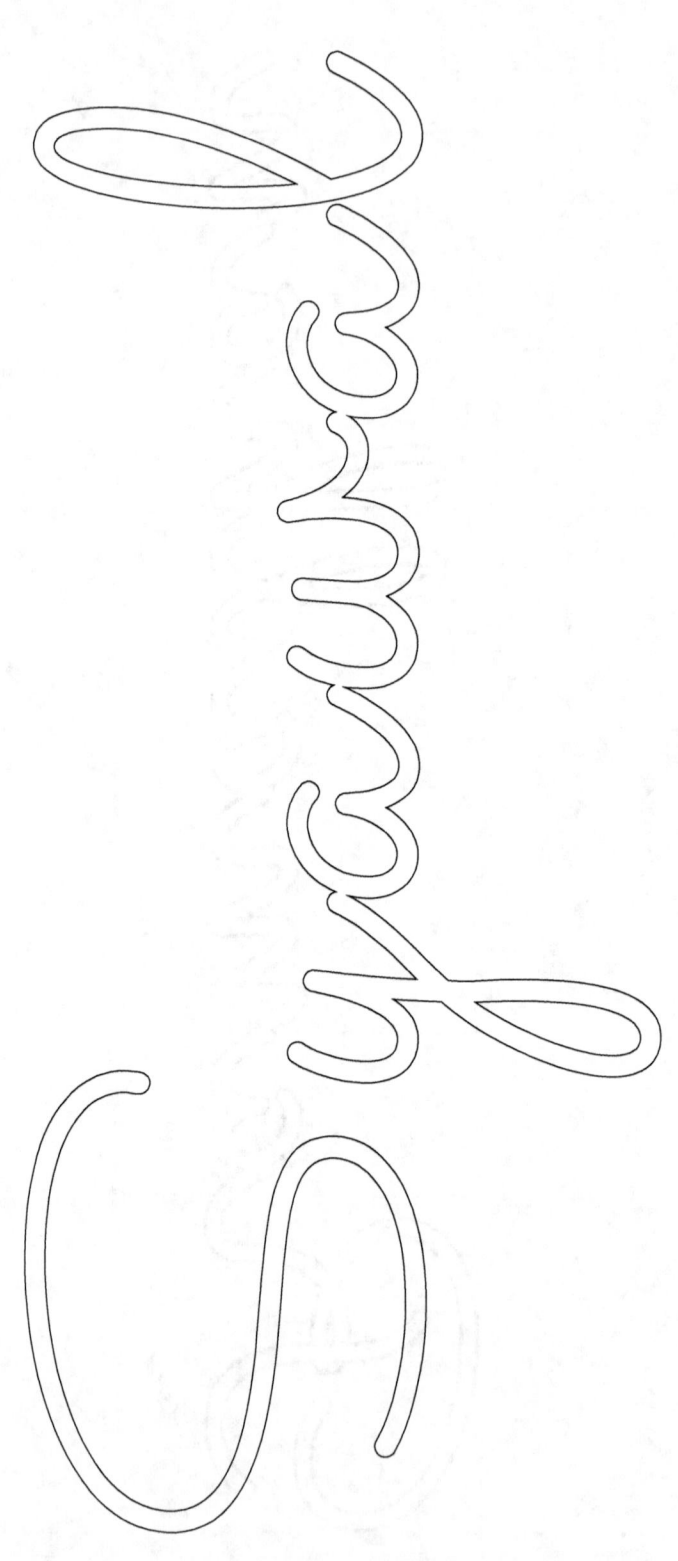

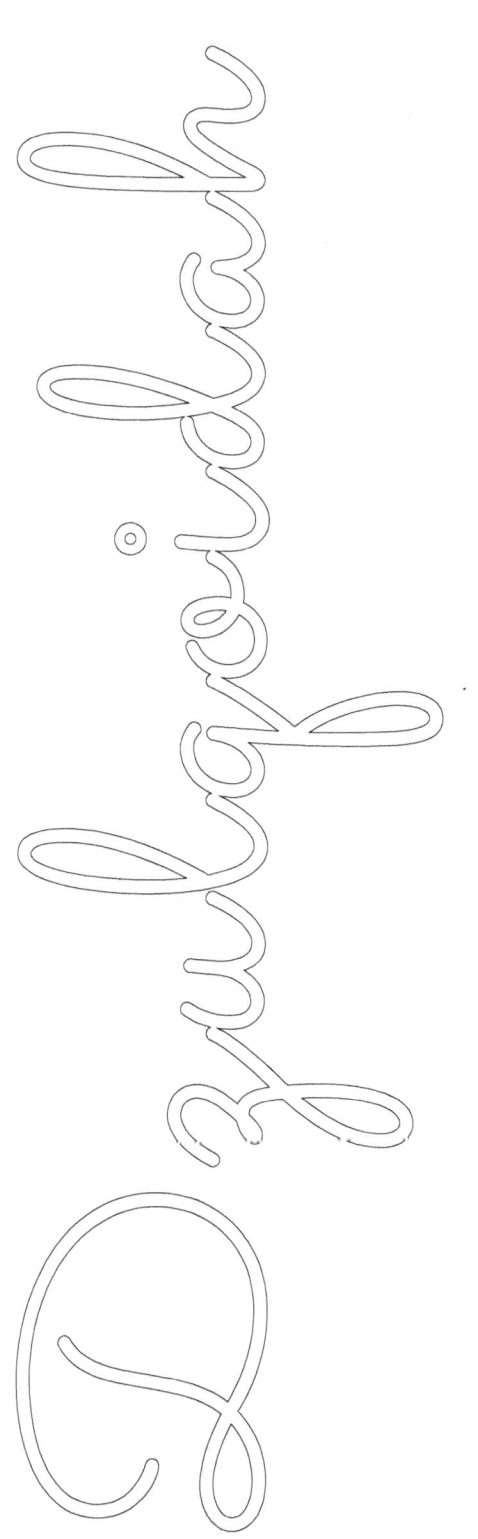

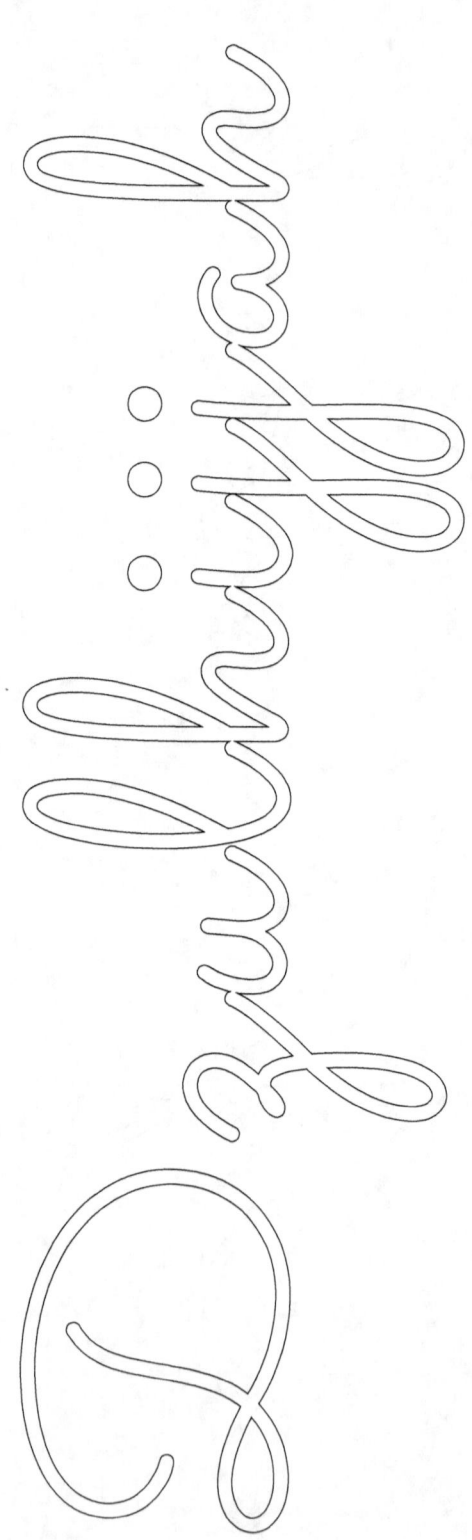